Özhan Tuncay

Döviz Kuru Politikaları

Özhan Tuncay

Döviz Kuru Politikaları

Türkiye Alim Kitapları

Impressum / Künye
Bibliografische Information der Deutschen Nationalbibliothek: Die Deutsche Nationalbibliothek verzeichnet diese Publikation in der Deutschen Nationalbibliografie; detaillierte bibliografische Daten sind im Internet über http://dnb.d-nb.de abrufbar.

Deutsche Nationalbibliothek tarafından yayınlanan bibliyografik bilgiler: Deutsche Nationalbibliothek, bu yayını Deutsche Nationalbibliografie'de listeler; detaylı bibliyografik bilgi İnternet'te http://dnb.d-nb.de sitesinde mevcuttur.

Coverbild / Kitap kapağı resmi: www.ingimage.com

Verlag / Yayıncı:
Türkiye Alim Kitapları
ist ein Imprint der / yayınevinin bir ticari markasıdır
OmniScriptum GmbH & Co. KG
Bahnhofstraße 28, 66111 Saarbrücken, Deutschland / Almanya
Email / E-posta: info@turkiye-alim-kitaplary.com

Herstellung: siehe letzte Seite /
Basım yeri: son sayfaya bakın
ISBN: 978-3-639-81241-1

Zugl. / Approved by: İzmir, Dokuz Eylül Üniversitesi, 2010

Döviz Kuru Politikaları

Özhan TUNCAY

Önsöz

Bretton Woods sisteminin çökmesiyle birlikte sistemin öngördüğü ayarlanabilir sabit kur rejiminin terk edilmesi, ülkelerin çok sayıda farklı kur rejimi uygulamasını beraberinde getirmiştir. Sistemin çöküşü aynı zamanda döviz kuru rejiminin seçimini belirleyen unsurlar ile gelişmiş ve gelişmekte olan ülkelerin farklı yapısal özelliklerinin muhtemel etkilerine ilişkin tartışmaları da alevlendirmiştir.

Uluslararası ticaretin gittikçe serbestleşmesi Döviz Kuru Politikalarını önemli bir dış ticaret politikası aracı haline getirmiştir. Finansal serbestleşme süreci ise izlenen döviz kuru rejimlerinin finansal krizleri tetikleyici rolünü yapılan araştırmaların merkezine oturturken, aynı zamanda özellikle gelişmekte olan ülkelerde en uygun döviz kuru rejiminin seçimini konuya ilişkin tartışmaların odağına yerleştirmiş ve kurların oluşumuna ilişkin var olan yaklaşımların yetersizlikleri nedeniyle yeni bazı teorik yaklaşımların önünü açmıştır.

Türkiye'de döviz kuru sistem ve politikaları kitaplarda bölüm olarak ele alınmakla beraber, konunun ayrıntılı olarak ele alındığı güncel bir kitap bulunmamaktadır. Konuya ilişkin ilk kapsamlı eser 1987 yılında Nevzat Güran tarafından kitap halinde yayınlanan Döviz Kuru Sistemleri ve Ekonomik Denge isimli çalışmadır. Ancak söz konusu eserin değişen günümüz koşulları açısından yeterli olamayabileceği gerçeği mevcut eserin kitap olarak yayınını zorunlu kılmıştır.

Kitapta, döviz kuru sistem ve politikaları, ile özellikle gelişmekte olan ülkeler açısından ideal döviz kuru rejiminin belirlenmesi konusunda mümkün olan en geniş literatür araştırması gerçekleştirilmeye çalışılmış ve böylece konuya ilişkin Türkçe kaynak ihtiyacına çözüm üretilmesi hedeflenmiştir. Bu kitabın hazırlanmasında yardımlarını esirgemeyen değerli hocam Sayın Prof. Dr. Mustafa Özateşler'e içten şükranlarımı sunmayı bir borç bilirim.

Yard. Doç. Dr. Özhan TUNCAY

Birinci Bölüm

Döviz Kurları, Döviz Kuru Sistemleri ve Döviz Piyasası Dengesi

İkinci Bölüm

İç ve Dış Denge Açısından Farklı Döviz kuru Sistemlerinin Değerlendirilmesi

Şekiller Listesi

Giriş

Ülkelerin uygulayacakları döviz kuru sistem ve politikaları fiyat isitikrarı ve büyüme gibi iç denge amaçlarının yanı sıra ödemeler dengesi ve dış rekabet gücünün korunması açısından da önem taşımaktadır. Ancak uluslararası finansal piyasalar ile entegre olmuş gelişmekte olan ülkeler açısından kur sisteminin seçimi, gelişmiş ülkelerden farklı olarak aynı zamanda finansal krizlerden korunabilmek açısından da stratejik bir önem sahip olmaktadır.

Bir sabit kur sistemi olan altın standardı sistemi küçük istisnalar dışında, Birinci Dünya Savaşı ile birlikte sona ermiş; iki dünya savaşı arası dönemde birbirinden farklı döviz kuru rejimleri ile yoğun kambiyo denetimleri ortaya çıkmıştır. İkinci Dünya Savaşından sonra Bretton Woods sisteminin tesisiyle birlikle yeniden sabit kur sistemi genel kabul görmüş, 1973 yılında sistemin yıkılması ile birlikte özellikle gelişmiş ülkelerde esnek kur sistemi lehine bir yönelim oluşmuştur. Bretton Woods sisteminin yıkılışı aynı zamanda ideal döviz kuru politikalarının belirlenmesinde etkili olan unsurlara ilgiyi de yoğunlaştırmıştır. Özellikle sabit ve esnek kur sistemleri şeklindeki ikiliğin yerini çok sayıda karma kur sisteminin alması, en uygun kur sisteminin seçimi sorununa çok sayıda ve çoğu zaman birbiriyle tamamen zıt cevapların ortaya çıkmasını beraberinde getirmiştir.

Bütün döviz kuru sistemleri, olası avantajlarının yanı sıra kimi sakıncaları da içerisinde barındırmaktadır. Bu durum ülkelerin kendi ekonomik yapılarına en uygun kur sistemi seçimini zorlaştırmakta; ülkeler için her zaman geçerli olabilecek bir kur sisteminin çoğu zaman pratikte mümkün olamaması da tercih sorununu daha ağırlaştırmaktadır.

Döviz kuru sistem ve politikaları seçimini belirleyen faktörlere ilişkin literatürde farklı görüşler bulunmakla birlikte; bir ülke açısından uygun döviz kuru sisteminin seçimine ilişkin ilk katkıların Optimum Para Alanları Teorisine dayandığı görülmektedir. Ancak sermaye hareketlerinde artış ve yaşanan para krizleri ile geleneksel para alanları teorisinin özellikle gelişmekte olan ülkelerde kur sistemi tercihini açıklamada yetersiz kalması, finansal değişkenlerin de döviz kuru sisteminin seçiminde dikkate alınmasını beraberinde getirmiştir. Son yıllarda ise "İki Kutup Hipotezi", "Dalgalanma Korkusu" olgusu gibi yeni bazı yaklaşımlar çerçevesinde ortaya konulan faktörler kur sistemi tercihinde dikkate alınmaya başlanmıştır.

Gelişmiş ve gelişmekte olan ülkeler arasındaki yapısal ekonomik farklılıklar gelişmekte olan ülkeler açısından benzer kur sistemlerinin seçimini engellemekte ve hatta çoğu zaman bu ülkelerde ilan edilen ve uygulanan kur sistemi fiilen farklı olabilmektedir. Örneğin finansal krizlere maruz kalan pek çok gelişmekte olan ülke bu krizlerin tekrarını önleyebilmek için esnek kur sisteminin tercihi yoluna gitmekte; ancak finansal piyasaların yeterince gelişmemiş olması, fiyat istikrarının sağlanamaması ve güvenilirliğin tesis edilememesi gibi nedenlerle kurlara müdahalede bulunmaktadır. Katı bir sabit kur sistemi de güvenilirlik konusunda bir garanti sağlamadığı gibi para politikası uygulamalarında bağımsızlığı ortadan kaldırarak otoritelerin hareket alanını kısıtladığından dolayı uygun bir alternatif gibi görülmemektedir. Karma kur sistemleri ise spekülatif nitelikte sermaye akımlarını teşvik ederek krizlere kaynaklık etmesi yönünden eleştirilere hedef olmaktadır. Dolayısıyla alternatif bütün döviz kuru sistem ve politikalarının gelişmekte olan ülkeler açısından ciddi sakıncaları taşıması bu ülkelerde seçim yapmayı zorlaştırmakta ve ülkeye özgü çözümlerin araştırılmasını zorunlu kılmaktadır. Bu amaç ve sınırlar çerçevesinde çalışma iki ana bölümden oluşmaktadır.

Birinci bölümde, döviz kuru sistem ve politikalarına ilişkin bir değerlendirme yapıldıktan sonra döviz piyasası dengesinin oluşumu ile ödemeler dengesi ve döviz piyasası dengesi arasındaki etkileşime değinilerek döviz kurlarının belirlenmesi ve değişimini açıklayan teorik yaklaşımlar üzerinde durulmuştur.

İkinci bölümde, iç ve dış denge açısından farklı döviz kuru sistem ve politikaları ile bunların olası avantaj ve dezavantajları değerlendirildikten sonra, söz konusu kur sistemleri ve politikalarının seçimine ilişkin yeni yaklaşımlar ve gelişmekte olan ülkelerde döviz kuru sisteminin seçimi sorunu üzerinde durulmuştur.

Birinci Bölüm

Döviz Kurları, Döviz Kuru Sistemleri ve Döviz Piyasası Dengesi

Geniş anlamda yurt dışında geçerli tüm ödeme araçları ve senetler ile yabancı paraları kapsayan döviz kavramı, efektif ya da kaydi nitelikte olabilmektedir. Efektif, nakit yabancı paraları ifade etmekte kullanılmakta; uluslararası işlemlerde ise kaydi döviz kullanılmaktadır. Bir birim dövizin ulusal para cinsinden fiyatına "enserten" (incertain) döviz kuru; bir ünite ulusal paranın döviz cinsinden fiyatına da "serten" (certain) döviz kuru denilmektedir. Bir ülke parasının diğer ülkelerin parası karşısındaki fiyatını; diğer bir ifadeyle iki ülke parası arasındaki değişim oranını ifade eden döviz kurları, her şeyden önce farklı paralar cinsinden fiyatların karşılaştırılması imkanını tanımaktadır. Böylece uluslararası ticari ve finansal işlemlerin ortaya çıkabilmesi mümkün olmaktadır.

Örneğin enserten kurun yükselmesi ulusal paranın değer kaybettiğini tersi bir durum ise değer kazandığını göstermektedir[1]. İki ulusal para arasındaki doğrudan değişim oranına düz kur; farklı ulusal paralar arasındaki döviz kurlarının başka bir ulusal para yoluyla hesaplanmasına ise çapraz kur denilmektedir[2].

---

[1] Nevzat Güran, Makro Ekonomik Analiz, Anadolu Matbaacılık, İzmir, 2002 (Makro Ekonomik Analiz), s. 297.
[2] Rıdvan Karluk, Uluslararası Ekonomi, -Teori ve Politika, Beta Basım A.Ş., 6. Baskı, İstanbul 2002, s. 358.

Herhangi bir yabancı ülke parasından bir birim elde edebilmek için ödenmesi gereken ulusal para miktarı, nominal döviz kuru ile ifade edilmekte ve bundan sonraki analizlerimizde de döviz kuru ifadesi nominal döviz kuru olarak kullanılmaktadır. Ticaret haddi ile birlikte anılan reel döviz kuru ise iki ülkenin malları arasındaki nispi fiyatı ifade etmektedir.

1.1. Döviz Kuru Sistem Ve Politikaları (Tanım Ve Sınıflandırma)

Ulusal merkez bankaları ve para otoriteleri yabancı para alım ve satımı ile döviz piyasalarına müdahalede bulunmakta ve ulusal paranın diğer paralar karşısında piyasa mekanizması sonucunda oluşan ya da oluşabilecek değerini benimsenen ekonomi politikası amaçları doğrultusunda etkilemekte ve kurları yönlendirmektedirler.

Hükümetlerin gerek dış denge gerekse de fiyat istikrarı ve istihdam gibi iç denge amaçlarını gerçekleştirebilmek için döviz kurlarına ilişkin aldıkları her türlü önlemler ise döviz kuru politikalarının kapsamı içinde yer almaktadır[3]. Alınan bu önlemler uygulanan kur rejimleriyle de yakından bağlantılı olmaktadır. Nitekim, resmi otoritelerce döviz piyasalarına yapılan müdahalelerin türü ve yoğunluğu kur sistemleri arasındaki farkı da ifade etmekte; kurların resmi karalarla mı yoksa piyasada serbestçe mi değişeceği ya da hangi ölçülerde değişebileceği kurların değişim rejimini göstermektedir.

Genellikle teorik analizlerde kur sistemlerine ilişkin ortak bir sınıflandırma yapılamamakla birlikte çoğunlukla konu, kurların katı bir biçimde sabit tutulmasını esas alan sabit kur sistemi ve kurların serbestçe

[3] Karluk, s. 389.

değişebildiği esnek kur sistemi şeklinde uç sistemler ile karma döviz kuru sistemleri olarak ele alınmaktadır[4].

Sabit kur sisteminde, kurların resmi otoritelerce doğrudan ya da dolaylı olarak belirlenmesi, sıklıkla kur ayarlamalarına başvurulmaması ve kurların, ancak bir bant içinde dalgalanması mümkün iken; esnek kur sisteminde döviz kurlarının piyasa koşullarında belirlenmesi ve piyasada oluşan kurlara otoritelerce herhangi bir müdahalede bulunulmaması sistemin esasını teşkil etmektedir. Karma sistemler ise her iki sistemin belli unsurlarını içerisinde barındırmakta ve sabit kur sistemlerine esneklik kazandırma yada esnek kur sistemlerine istikrar kazandırma düşüncesinden kaynaklanmaktadır. Dolayısıyla karma sistemler, temelde dalgalanma marjının genişletildiği yada resmi kur ayarlamalarına başvurulduğu esneklik kazandırılmış sabit kur sistemleri yada otoritelerin kurların oluşumuna müdahalede bulunduğu istikrar kazandırılmış esnek kur sistemleri şeklinde sınıflandırılabilmektedir[5].

Ülkeler, ekonomik yapıları, içerisinde yer aldıkları ekonomik bütünleşme ve temel ekonomi politikası amaçları doğrultusunda uygulayacakları kur sistemi ve politikalarına karar verirler. Bu açıdan döviz kuru politikası ile kur sistemi arasında bir anlam yakınlığı olduğu kabul edilebilecektir. Şöyle ki, her ne kadar sistem çok sayıda politikayı kapsayan daha genel bir terim olsa da uygulanan kur politikaları ülkenin seçtiği kur sisteminden bağımsız olamayacağından söz konusu kavramlar arasında bir çakışma söz konusu olabilecektir[6].

---

[4] Jane Harrigan, Time to Exchange the Exchange Rate Regime Are Hard Pegs the Best Option For Low-Income Countries, Development Policy Review, 2006, 24 (2), s. 206- 207.
[5] Nevzat Güran, Döviz Kuru Sistemleri ve Ekonomik Denge, Kavram Matbaası, İzmir, 1987, (Döviz Kuru Sistemleri), s. 10.
[6] Güran, (Döviz Kuru Sistemleri), s. 7-8.

Dövizin fiyatının belirlenmesine dönük politikalar, kurların nasıl ve kimler tarafından tespit edileceği ile değişimlerin serbestliği ve miktarına dayalı olarak sabit ve esnek kur sistemlerinden birisinin ya da her iki sistemi birbirine yakınlaştıran karma sistemlerin seçimini kapsamaktadır. Bu sistemleri birbirinden ayıran nokta, kurların belirlenmesinde piyasa mekanizması ile resmi otoritelerin ne ölçüde rol oynadıkları ile ilgili olmaktadır.

Pek çok halde, fiyat istikrarının sağlanması uluslararası ödemelerde büyük dengesizliklerden kaçınmak şartıyla döviz kuru politikasının nihai hedefi olmakta ve öncelikle ifade edildiği gibi uygulanacak döviz kuru sisteminin seçimini kapsamaktadır. Eğer sabit ya da sabit fakat ayarlanabilir bir kur sistemi seçilmiş ise, kurların hangi düzeyde olması gerektiği konusunda karar alınması; belli bir kurun savunulması ya da istenen yönde hareket ettirilmesi gibi önlemler kur politikasının kapsamı içerisinde yer almaktadır.

Hükümetlerin belli hedefler doğrultusunda izleyebilecekleri döviz kuru politikaları iki şekilde olmaktadır. Bunlardan birincisi döviz piyasasına giriş ve çıkışlarda herhangi bir kısıtlamaya başvurmaksızın kurların serbestçe değişebilmesi ya da hükümetin kurların hedeflenen belli bir düzeyi aşmaması için döviz satışı yapması dolayısıyla fiyatı kontrol altında tutması şeklinde iken; diğeri belli kimseler ya da işlemler için döviz piyasasının kullanımına sınırlamalar getirilmesi şeklinde olmaktadır[7].

Makro ekonomik istikrarın sağlanması, sürdürülebilmesi ve dolayısıyla iç ve dış dengenin birlikte sağlanabilmesi açısından uygulanacak döviz kuru sisteminin enflasyon ya da makro ekonomik

---

[7] Charles R. Whittlesey, Exchange Control, TheAmerican Economic Review, Vol. 22, No. 4, 1932, s. 586.

dalgalanmalara yol açmaması, kurları sürdürülebilir bir düzeyde tutarak uluslararası dengelenmeye katkıda bulunması ve uluslararası ticaret ve yatırımları caydırmaması önem taşımaktadır.

1.2. Döviz Piyasasında Denge

Döviz piyasalarının temel işlevi bir ülkenin satın alma gücünün başka bir ülkeye transferinin sağlanmasıdır. Diğer tüm piyasalarda olduğu gibi döviz piyasasında da denge arz ve talebin eşitlenmesiyle ya da diğer bir deyişle ticaret dengesi fazlasının (açığının) net sermaye ihracına (ithaline) eşitlenmesiyle gerçekleşmekte[8]; dengelenme süreci, dövizin arz ve talebi ile fiyatı arasında ilişki kuran arz ve talep şedüllerine bağlı bulunmaktadır. Dengenin kararlılığı açısından söz konusu şedüllerin eğim ve elastikiyetleri belirleyici rol oynamaktadır.

Yabancı paraların uluslararası ticareti pek çok farklı finans merkezinde eş anlı olarak gerçekleşmekte ve gelişen iletişim olanakları bu merkezleri tek bir piyasa haline getirmektedir. Eş anlı ticaretin imkan sağladığı arbitraj olanakları döviz kurlarının eşitlenmesi yönünde bir eğilim ortaya çıkarmaktadır. Arbitraj, kar amacıyla yabancı paraların eş anlı olarak alımı ve satımı olarak tanımlanabilecektir[9]. Diğer bir deyişle arbitraj, bireylerin kar elde etmek amacıyla fiyatın düşük olduğu piyasadan yabancı para alıp bunu yüksek fiyatlı piyasalarda satması işlemidir. Bu işlem işlem maliyetleri dışında her iki piyasada fiyatın eşitlenmesine kadar devam edecektir. Döviz piyasaları teslim koşullarına bağlı olarak spot ve vadeli

[8] Robert A. Mundell, The Monetary Dynamics of International Adjustment under Fixed and Flexible Exchange Rates, The Quarterly Journal of Economics, Vol. 74, No.2, 1960, s. 231.
[9] Miltiades Chacholiades, International Economics, McGraw- Hill Pub. Co. New York, 1990, s. 258.

piyasalar olmak üzere ikiye ayrılmakta ve her iki piyasa dengesi arasında karşılıklı etkileşim bulunmaktadır.

1.2.1. Spot (Peşin) Döviz Piyasasında Denge

Finans piyasalarında günlük olarak gerçekleştirilen alım ve satım işlemleri spot döviz piyasalarında gerçekleşmekte ve oluşan kurlarda spot döviz kurları adını almaktadır. Spot döviz piyasalarında coğrafi konum ne olursa olsun döviz kurlarının eşitlenmesi eğilimi bulunmakta ve buna yol açan faktör "arbitraj" olmaktadır. Tüm piyasalarda fiyatlar eşitlenip geriye sadece işlem maliyetleri kaldığında bu alım satım faaliyetleri de durmaktadır.

Spot piyasalarda kurlarda eşitlenme eğilimi doğuran bir diğer faktör de spekülasyon olabilmektedir. Şöyle ki, spekülatör, belli bir nedenle değer kazanacağını tahmin ettiği bir yabancı parayı risk alarak spot piyasadan satın alıp tahminleri gerçekleşip ilgili para değer kazandığında satarak kazanç sağlayabilecektir. Artan hızlı iletişim olanakları ve yabancı para işlemlerindeki etkinliğe bağlı olarak herhangi bir para birimi için spot piyasa kotasyonlarında eşitlenme çok büyük bir hızla gerçekleşebilmektedir[10].

Temel katılımcıları ticari bankalar, finans piyasalarındaki döviz simsarları ve resmi para otoritelerinin olduğu döviz piyasaları her ne kadar ülkelerin kendi içerisinde alım satım merkezleri ve kendi katılımcıları olsa da tüm dünyayı kapsamaktadır. Diğer bir deyişle ülkelerin kendi piyasaları dünyadaki diğer piyasalar ile bağlantılı olmakta ve katılımcılar sadece kendi ülke piyasalarında değil diğer piyasalarda da faaliyet

---

[10] Alan L. Winters, International Economics, Routledge Inc., New York, 1991, s. 314

göstermektedirler[11]. Dolayısıyla döviz arz ve talebi birden çok piyasadaki eş anlı arz ve talebi kapsamaktadır.

Döviz piyasası işlemleri ve döviz piyasası dengesi, döviz arz ve talep eğrileri tarafından temsil edilmektedir. Döviz talebi yabancı mal, hizmet ve finansal varlıkların yurtiçi talebinden kaynaklanırken; döviz arzı da, yurt içi mal, hizmet ve finansal varlıkların dış talebinden kaynaklanmaktadır. Benzer bir biçimde yurtiçi yerleşiklerin portföylerindeki döviz ankeslerini artırma isteği döviz talebine; azaltma isteği ise döviz arzına yol açmaktadır. Vadesi gelen borçların anapara faiz ve taksit ödemeleri döviz talebinin, dış ülkelere sağlanmış kredilerin ana ülkeye anapara faiz ve taksit geri ödemeleri de döviz arzının kaynağını oluşturmaktadır. Diğer unsurlar kadar önemli olmamakla birlikte yurtdışından sağlanan ya da yurtdışına sağlanan karşılıksız yardımlarda döviz arz ve talebinin kaynağını oluşturmaktadır[12].

Dış ticaret, doğrudan yatırım ya da yatırımcıların yabancı finansal varlıklara olan talep değişimleri gibi faktörlerin belirlediği döviz arz ve talebinin eşitlenmesiyle döviz piyasası dengesi sağlanmış olmakta ve bu eşitliği sağlayan kur da denge döviz kuru olmaktadır. Buna göre, örneğin, bir ihracat artışı, doğrudan yatırıma yönelik bir sermaye girişi ya da ulusal finansal varlıklara yönelik bir talep artışı, döviz arz eğrisini sağa doğru kaydırırken; ithalatta meydana gelecek artışlar ya da yurt dışına sermaye ihracı döviz talep eğrisini sağa doğru kaydırmaktadır.

Döviz piyasasına ilişkin geleneksel teoride döviz arz ve talebinin uluslararası mal ve hizmet ticaretinden kaynaklandığı varsayılmış;

---

[11] Bo Södersten, Geoffrey Reed, International Economics, Third Edition, MacMillan Pres Ltd. 1994, s. 511.

[12] Ingo Walter, International Economics, The Ronald Press Company, New York, 1975, s. 317-320.

dolayısıyla sermaye hareketleri sıfır ya da dışsal veya sabit kabul edilmiştir. Döviz kuru ile ihracat ve ithalattan kaynaklanan döviz arz ve talebi arasında fonksiyonel bir ilişki kurularak özellikle kısa vadeli sermaye hareketlerinden kaynaklanan döviz arz ve talebi ihmal edilmiştir. Ancak belirtmek gerekir ki, bir ulusal paranın fiyatının arz ve talebindeki değişmeler tarafından belirlendiği ve diğer faktörlerin sabit olduğu kabul edildiğinde denge ancak bir eğilim olarak var olabilecektir. Diğer faktörlerin sabitliği ise gerçeği yansıtan bir varsayım olarak kabul edilemeyeceğinden kur hareketlerinin tahmini açısından yeterli bir araç olmayabilecektir[13].

Döviz piyasasında denge, iki ülke ve iki ulusal paranın söz konusu olduğu basit bir modelde, döviz arz ve talep eğrilerinin kesişmesiyle sağlanmakta; döviz arz ve talep eğrilerinde meydana gelecek kaymalar denge döviz kurunu da değiştirmektedir. Mal ticareti, doğrudan yatırımlar, spekülasyon ve faiz oranları arasındaki farklılıklardan yararlanma gibi amaçlar ise arz ve talep eğrilerinde kaymalara yol açmaktadır. Örneğin ithalat artışı ve doğrudan yatırım amaçlı sermaye ihracı negatif eğimli döviz talep eğrisini sağa doğru kaydırırken; ihracat artışı ve doğrudan yatırım amaçlı sermaye ithali döviz arz eğrisini sağa doğru kaydırmaktadır[14].

Benzer şekildc, bir yabancı paranın değerinin gelecekte yükseleceğine ilişkin bir tahmin ya da yabancı bir ülkede faiz oranlarının yükselmesi de sermaye kaçışını teşvik ederek ya da sermaye girişini yavaşlatarak döviz talebinde artışa yol açmaktadır.

---

[13] James Gerber, International Economics, Addison-Wesley, USA, 1999, s.180.
[14] Walter, s. 317- 320.

Şekil 1.1 Döviz Piyasasında Denge

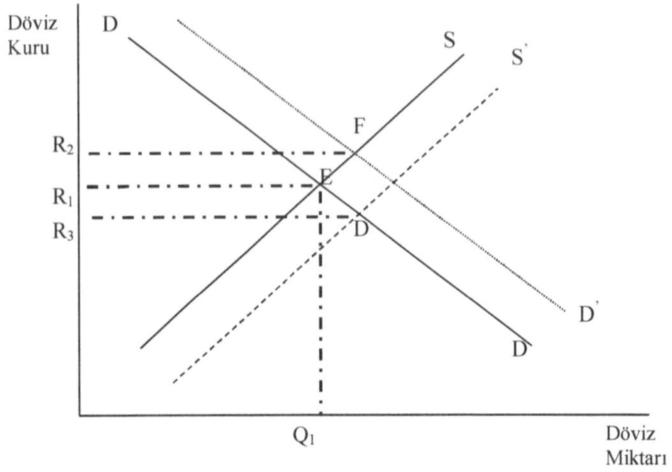

Kaynak: Walter, 1975, s. 314.

Örneğin SS eğrisinin döviz arzını, DD eğrisinin de döviz talebini temsil ettiği Şekil 1.1.'de başlangıçta E noktasında denge sağlanmışken ve SS eğrisi aynı konumda kalırken talep eğrisinin sağa doğru kayarak D'D' halini alması denge kurunu R_2'ye çıkartırken; her bir kurda DD eğrisine göre daha fazla döviz talep edildiği anlamına gelecektir. Öte yandan, ulusal ekonomide fiyatlar genel düzeyindeki süreklilik gösteren değişimler, örneğin yüksek bir enflasyon oranı gerek yabancı malları ülke içinde üretilmiş olan mallar karşısında ucuz hale getirerek ve gerekse de dış ticarete konu olan malların yurt içi fiyatlarını yükselterek döviz talebini artırabilecektir. Buna karşılık döviz talebi sabit iken döviz arzındaki bir artışa bağlı olarak döviz arz eğrisinin sağa doğru kayması denge döviz kurunu R_3 seviyesine çekecektir.

Döviz piyasası dengesine ilişkin geleneksel analizlerde döviz kuru ile ithalat ve ihracattan kaynaklanan döviz arz ve talebi arasında fonksiyonel bir ilişki bulunduğu kabul edilmekte; ancak, özellikle kısa vadeli sermaye hareketleri ile kurlar arasında mutlaka doğrudan fonksiyonel bir ilişki bulunmamaktadır[15]. Bunlar iki ülke arasındaki faiz oranları farkları, yurtiçi ve yurt dışı beklenen kar oranları ile gelecekteki döviz kurlarına ilişkin bekleyişler gibi faktörlere bağlı olarak ortaya çıkmakta; döviz arz ve talep eğrilerinde kaymalara yol açmaktadırlar.

Nitekim geleneksel analizlerde döviz arz ve talebini, dolayısıyla da döviz arz ve talep eğrilerinin eğim ve elastikiyetlerini ihraç ve ithal malları piyasasının belirlediği varsayılmıştır. Kısa vadeli sermaye hareketleri ise etkisiz olarak kabul edilmekle birlikte sermaye hareketlerinin artan oranda serbestleşmesi sonucunda döviz piyasasında dengenin sağlanmasında nispi faiz oranlarının rolü daha da belirgin hale gelmiştir [16]. Sermaye hareketlerinin bulunmadığı dolayısıyla yabancı ülkelerin tasarruflarının yurtiçi yatırım ve tasarruf dengesizliğini gideremediği bir ekonomide yurtiçi reel faizler böyle bir görevi yerine getirebilecek; yatırım ve tasarruflar arasındaki fark sıfıra eşit olacak şekilde ayarlanacaktır. Dolayısıyla bir ülkede kısa vadeli faiz oranının düşük olması ulusal paranın değer kaybetmesine; kısa vadeli faiz oranının yüksek olması ise ulusal paranın değere kazanmasına neden olabilecektir[17].

Sermaye hareketlerinin cari işlemlerdeki açığı finanse edemediği bir ekonomide cari işlemler de dengede olmak zorunda olacaktır ki bu durum

---

[15] Walter, s. 319.
[16] David Fielding, Paul Mizen, Investment, Output and Interest Rate Policy When Capital is Mobile, The Economic Journal, Vol. 107, No. 441, 1997, s. 434.
[17] Robert J. Carbough, International Economics, Fourth Edition, Wadsworth Inc., 1992, (Fourth Edition), s. 316.

aynı zamanda denge döviz kurunu belirleyecektir. Bu durumda cari işlemler dengesi sıfıra eşit olana kadar kurlar değişecek ya da kurların değişmesine izin verilmeden dolaysız bir takım kontrollerle denge sağlanmaya çalışılacaktır.

Sermaye hareketlerinin serbestleşmesi ile birlikte yurtiçi faiz oranlarının nispi olarak yükseltilmesine bağlı olarak öncelikle ülkeler açısından tasarruf yatırım eşitliği zorunlu olmaktan çıkacak, yabancı sermaye girişi ile tasarruf açığı kapatılabilecektir. Sermaye girişi ile birlikte ulusal para cinsinden varlıklara olan talep artışı döviz piyasasında ulusal paranın değerlenmesine neden olacak, artan sermaye girişine eşit bir cari işlemler dengesi açığı eğilimi ortaya çıkacaktır. Dolayısıyla sermaye girişi ile tasarruf açığı ve cari işlemler dengesi açığı birbirine eşit olacaktır.

S-I= K = CAD

Yukarıdaki denklemde S, Tasarrufu, I, Yatırımı, K, Sermaye Girişini, CAD ise Cari İşlemler Dengesi Açığını ifade etmektedir.

Sermaye hareketlerine kapalı bir ekonomide birbirinden bağımsız olarak belirlenen döviz kurları ve faiz oranları arasında serbestleşme sonrasında yakın bir etkileşimin ortaya çıkması mümkün olabilecektir. Ancak, döviz kurlarının oluşumuna tasarruf yatırım dengesizliği yönünden de bakılabilecektir. Şöyle ki, yurtiçi yatırımların tasarruflardan daha fazla olması yurtiçi faizleri dış dünyaya nazaran yükseltecek ve yurtiçi varlıklara olan talep artışı ile birlikte ulusal para değer kazanacaktır. Tasarrufların yatırımlardan fazla olması durumunda ise yurtiçi faiz oranının dış dünyaya nazaran düşmesi sonucu ulusal para değer kaybına uğrayacaktır[18].

Şekil 1.2.Döviz Kuru- Faiz Oranı İlişkisi

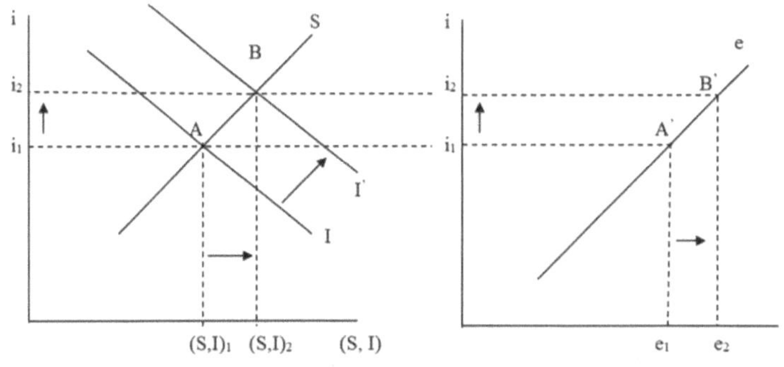

(i: Yurtiçi reel faiz oranı, S: Tasarruf, I: Yatırım, e: Ulusal paranın reel değeri.)

Kaynak: Rosenberg, 1996, s. 212.

Nitekim Şekil 1.2.'de görüldüğü gibi, başlangıçta, A noktasında ve i_1 faiz oranı seviyesinde denge sağlanmışken, tasarruflarda herhangi bir değişme olmaksızın yatırımların artması, faiz oranını i_2 seviyesine yükseltecek; ulusal paranın değeri yükselerek B noktasında yeniden denge sağlanmış olacaktır.

Özellikle kronik bir tasarruf açığı sorunu ile karşılaşan gelişmekte olan ülkelerde bu durum faiz oranlarının diğer ülkelere nazaran sürekli olarak yüksek kalmasını ve sürekli bir sermaye girişini teşvik etmektedir. Bu durumda dış dengesizliği azaltacak bir döviz kur değişimi gerçekleşemeyecek ve ulusal paradaki aşırı değerlenme sürerek döviz

---

[18] Michael R. Rosenberg, Currency Forecasting, A Guide To Fundamental and Technical Models Of Exchange Rate Determination, McGraw- Hill, 1996, s.212-213.

kurları uzun dönem denge değerinden kalıcı bir biçimde uzaklaşmış olacaktır.

Döviz piyasaları faiz oranlarındaki değişmelere karşı oldukça duyarlı olup, faiz değişmeleri karşısında kurlarda önemli dalgalanmalar ortaya çıkabilmektedir. Faiz oranları ile döviz kurları arasında negatif yönlü bir ilişki bulunmaktadır. Buna göre, faiz oranındaki bir yükselme, toplam harcamaları daraltıp, cari işlemlerde bir iyileşmenin yanı sıra sermaye girişini de teşvik ederek ulusal paranın değerlenmesini sağlamaktadır.

Öte yandan konuya faiz paritesi teorisi çerçevesinde yaklaşıldığında, yüksek faiz oranları döviz üzerinde yüksek vadeli primini ifade etmekte ve vadeli primindeki artışı düşen spot kurlar sağlamaktadır. Bu analiz ile spot kurlar ile faiz oranı arasında negatif yönlü bir ilişkiye ulaşılmaktadır[19].

Son olarak belirtilebilir ki, yüksek enflasyon beklentisinin geçerli olduğu bir ortamda faiz oranları ile döviz kurları arasında pozitif yönlü bir ilişki de söz konusu olabilecek ve bu durum beklenen enflasyondan kaynaklanabilecektir. Şöyle ki, beklenen nispi enflasyon artışı ile birlikte yurtiçi faiz oranlarındaki nispi artış, para arzı veri iken reel para balanslarına olan talebi azaltarak, varlık piyasası dengesinin sağlanması için daha yüksek bir fiyat düzeyini gerektirecektir. Daha yüksek fiyat düzeyi ise, dış ve iç fiyatlar arasında olan bağlantı sonucu dış fiyatlar veri iken spot kurlarda bir yükselme ile sağlanabilecektir. Ulusal paranın gelecekte değer kaybedeceğine ilişkin beklentiler paranın değer kaybının hemen gerçekleşmesine neden olacaktır[20].

---

[19] Jacob A. Frenkel, Flexible Exchange Rates, Prices and The Role of "News": Lessons From The 1970s, The Journal of Political Economy, Vol.89, No.4, 1981, (Flexible Exchange Rates), s. 684- 685.
[20] Frenkel, Flexible Exchange Rates, s. 685.

1.2.2. Vadeli Döviz Piyasasının Katılımcıları ve Vadeli Piyasalarda Denge Oluşumu

Vadeli döviz kuru, gelecekte fiili teslimi yapılacak olan bir yabancı paranın fiyatını; vadeli döviz piyasası ise, gelecekte fiili teslimi yapılacak yabancı paraların alım ve satımının gerçekleştiği piyasayı temsil etmektedir. Spot piyasalardan farklı olarak bu piyasalar, belli bir miktar dövizi alma veya satma yükümlülüğü altına giren kimselere ödeme gerçekleşmeden önce kur değişmelerine karşı kendilerini koruma imkanı sağlamaktadır. Piyasada denge kuru ise, gelecekteki teslime ilişkin piyasadaki döviz arz ve talebinin kesişmesiyle oluşmaktadır[21]. Vadeli piyasalarda belli ekonomi politikası amaçlarını gerçekleştirmeyi amaçlayan para otoritelerinin yanı sıra kur değişimlerinin yol açabileceği zararlardan korunmak isteyen ihracat ve ithalatçılar ile kur değişimlerinden kazanç sağlamayı amaçlayan spekülatörler faaliyet göstermektedirler.

Vadeli piyasaların, 1970'li yıllarda esnek kur sisteminin sabit kur sistemi yerine giderek yaygınlık kazanmasıyla birlikte gelişmesine karşın yapılan teorik çalışmalar daha öncesine gitmektedir. Nitekim vadeli döviz kurlarına ilişkin Keynes ve Einzig tarafından ortaya konulmuş olan ilk çalışmalar, uluslararası mali piyasalarda 1960'lı yıllardan itibaren artan bir endişe kaynağı haline gelen döviz kurlarına yönelik spekülatif saldırılar ve ülkeler arasında gidip gelen faiz arbitrajına dönük büyük hacimli fonların iç ekonomik istikrar amacıyla faiz oranlarını sabitleyen ülke ekonomilerinde yol açtığı tahribatların önlenmesi açısından vadeli döviz politikalarının kullanımı ile ilgili bulunmaktadır[22].

[21] Dominick Salvatore, International Economics, Prentice-Hall, Sixth Edition, 1998, s. 435.
[22] Herbert G Grubel., A Neglected Aspect of Forward Exchange Theory and Policy, Journal of Finance, Vol. 18, No. 3, 1963, s.537.

1.2.2.1. Vadeli Döviz Piyasasının Katılımcıları

Vadeli piyasaların katılımcıları arasında ilk sırada ele alınması gereken hükümetler olacaktır. Vadeli piyasalara yönelik resmi müdahalelerde iç ve dış dengenin birlikte sağlanması amaçlanırken, temel kaygı vadeli kurları, garantili faiz arbitrajının bir sonucu olan "faiz paritesi" seviyesinde tutarak; spekülatif saldırılara bağlı sermaye kaçışı şeklindeki rezerv kayıplarını önlemek; ya da vadeli kuru faiz paritesi seviyesinin altında tutup ülkeye sermaye fonlarını çekerek döviz rezervlerini artırmak şeklinde olmaktadır[23]. Böyle bir politikanın başarılı olması için, yakın gelecekte ulusal paranın değer kaybedeceğine inanılsa bile piyasadaki aktörlerin garantili olarak ulusal parayı vadeli satın almaya istekli olmaları ve piyasadaki genel eğilime rağmen, spekülasyona yönelerek ulusal para cinsi varlıklarını azaltıp; yükümlülüklerini artırmaya çalışmamaları gerekmektedir[24]. Ayrıca, otoritelerin spot kurları destekleme konusunda yeterince güçlü olmaması durumunda vadeli kurlara müdahale edilmesi spekülasyonu daha az riskli ve daha karlı hale getirerek para otoritelerini zarara uğratabilecektir.

Ülke para otoritelerinin vadeli piyasalardaki işlemleri, yatırımlar ve gelir düzeyini yükselterek iç denge ve sermaye girişi yoluyla dış dengeyi birlikte sağlamayı mümkün kılabileceğinden ya da diğer bir ifadeyle iç ve dış denge arasındaki çelişkileri ortadan kaldırabileceğinden avantajlı olabilecektir. Nitekim konu A ve B gibi iki ülke ele alınarak şöyle somut hale getirilebilecektir. Başlangıçta her iki ülkede A ülkesinin ulusal parası için kısa vadeli faizlerin % 3 olduğunu ve A'nın kısa vadeli yurtiçi faiz oranını % 3'den % 1'e indirmek istediğini kabul ettiğimizde; A ülkesinin B

[23] Henry N. Goldstein, The Implications of Triangular Arbitrage for Forward Exchange Policy, The Journal of Finance, Vol. 19, No.3, 1964, s. 545.
[24] Carbough, (Fourth Edition), s. 311.

ülkesine sermaye kaçışını engelleyebilmek için iki ülke arasındaki faiz farklılığına eşit yıllık % 2 düzeyinde vadeli prim ödemesi gerekecektir. Böylece vadeli olarak A ülkesinin parası spot kurun % 2 üzerindeki bir fiyattan satın alınacak ve yabancı yatırımcıların faiz kaybı ve sermaye kaçışı önlenmiş olacaktır. Ancak bu durumda, ödenen vadeli prim yapılan müdahalenin birim maliyeti olacaktır.

Vadeli piyasalara yönelik müdahalelerin avantajı temel olarak para politikası uygulamalarında daha fazla bağımsızlığa dayanmasıdır. Ülkelerin bu piyasalara yönelik müdahalelerinin avantajlı olabilmesi için ekonominin ihtiyaçları doğrultusunda faiz oranlarının kolaylıkla değiştirilebilmesi ve önemli miktarda döviz rezervlerinin bulunması gerekmektedir. Ayrıca, para ve maliye politikalarının birbirini yeterince ikame edebilmesi mümkünse; örneğin resesyon ile mücadele için genişletici maliye politikası, ülkeye dış sermaye çekmek için de yüksek faiz politikası uygulanabilinecektir[25].

Belli iç ve dış makro ekonomik hedefleri gerçekleştirmek için faaliyet gösteren resmi otoritelerin yanı sıra kur değişimlerinin yol açacağı zararlardan korunmak isteyen ithalat ve ihracatçılar ile kazanç sağlamak isteyen kimseler de vadeli döviz piyasalarında işlem yapmaktadırlar. Dış ticaretle uğraşanların kur değişmelerinin yol açabileceği zararlardan korunmak amacıyla döviz arz ve talebi "hedging" işlemlerini meydana getirmektedir. Hedging faaliyetleri genellikle vadeli piyasalarda ortaya çıkmaktadır[26]. Özellikle esnek kur sisteminin geçerli olduğu ekonomilerde geleceğe ilişkin belirsizlikler sebebiyle ihracat ve ithalatla uğraşanların kendilerini kur risklerinden korumaları açısından "hedging" işlemi önem kazanmaktadır. Ancak, vadeli döviz piyasalarının diğer katılımcıları olan

[25] John H. Auten, Monetary Policy and The Forward Exchange Market, The Journal of Finance, Vol. 16, No. 4, 1961, s 553.
[26] Salvatore, s. 443.

spekülatörler ve faiz arbitrajı ile uğraşanlar için ise temel amaç iki ülke arasındaki faiz oranları ile peşin ve vadeli döviz kurları arasındaki oransal farklılıklardan kazanç sağlamak olmaktadır.

Döviz kurlarında beklenen değişmelerden kazanç sağlamayı amaçlayan spekülatör, belli bir yabancı paranın üç ay sonraki spot kurunun mevcut üç aylık vadeli kurdan yüksek olacağını düşünüyorsa söz konusu paradan üç ay sonra teslimli vadeli olarak satın alacaktır. Eğer yanılmamış ve tahmini gerçekleşmiş ise, düşük vadeli kurdan yabancı parayı alacak ve yüksek olan spot kurdan yeniden satacaktır[27]. Vadeli kontratlarda dövizin fiyatı peşin kontratlarda olduğundan daha yüksek bile olsa, vadeli kontratlar tercih edilebilmektedir. Bu durum ise spekülatörlerin herhangi bir limit sınırlaması olmaksızın vadeli kontratları satın alabilmesine bağlanmaktadır.

Ancak, spekülatörlerin kazanç olanaklarının sadece mevcut vadeli kur ile gelecekte umulan spot kura dayanmadığı ve daha geniş olabildiği vurgulanmalıdır[28]. Dolayısıyla spekülatörün teslim tarihinde ilgili yabancı paranın alım ya da satımını gerçekleştirdikten sonra spekülasyona dönük faaliyetlerini bitirmesi gerekmemekte; aksine, vadeli kontratın yapıldığı tarih ile teslimin gerçekleştirileceği tarih arasındaki dönemde aynı teslim süreli vadeli kur, kontrattaki kurun altında olursa bu ara dönemde de alım ve satımlar yaparak karını artırabilmektedir.

Örneğin, spekülatörün, ocak ayında yaptığı ve 6 ay vadeli temmuz teslimli vadeli kontratta ABD Doları'nın TL karşısında değer kaybedeceğini düşünerek 1.60 TL'den Dolar sattığını kabul edelim. Ancak,

---

[27] Södersten ve Reed, s. 531.
[28] Philippe Callier, Speculation and The Forward Foreign Exchange Rate: A Note, The Journal of Finance, Vol. XXXV, No.1, March 1980, s.1.

nisan ayında üç ay vadeli kontratta geçerli olan kur 1.45 TL ise nisan ayında üç ay vadeli ABD Doları alarak kar elde edebilecektir. Böylece gelecekteki beklenen spot kur spekülatörlerin kararlarını oluşturmada tek anahtar değişken olmaktan çıkmakta, 6 ay sonraki spot kura ilişkin bekleyişlerin spekülatörlerin bu işlemlerden elde edecekleri kazancı belirlemede rolü olmamaktadır. Öte yandan yatırımcılar vadeli kontratlarda spot kredilere göre daha az sıkı koşullar önermeye istekli olabilmektedirler. Bu durumun nedeninin de ideal olmayan piyasa koşulları (market imperfection) olduğu kabul edilmektedir[29].

1.2.2.2. Vadeli Döviz Piyasasında Denge

Vadeli döviz arz ve talebinin eşitlenmesiyle vadeli piyasalarda denge sağlanmış olmaktadır.[30]. Ancak peşin ve vadeli piyasalar birbirinden ayrı olarak değil; aksine karşılıklı etkileşim içerisinde dengeye gelecekler ve bu durum resmi otoritelere vadeli piyasalara müdahale olanağı sağlayabilecektir. Çünkü otoritelerin bu piyasalarda girişecekleri döviz alım ve satımı şeklindeki müdahaleler vadeli piyasa dengesini etkileyecek ve aynı zamanda spekülasyon ve arbitraj faaliyetlerini de etkileyerek peşin piyasa dengesi üzerinde etkili olacaktır. Örneğin, vadeli döviz satışı yoluyla vadeli kurların düşürülmesi, ülkeler arasındaki faiz farklılıklarından kazanç sağlamaya dönük garantili faiz arbitrajını teşvik edecek ve dışarıdan sermaye girişi ile birlikte spot kurlar da düşecektir. Benzer şekilde vadeli kurlardaki düşme spekülatörlerin gelecekte peşin kurların düşeceği beklentisiyle spot piyasada döviz satmalarına ve kurların düşmesine yol açabilecektir.

---

[29] Robert Z. Aliber, The Interest Rate Parity Theorem: Reinterpretation, The Journal of Political Economy, Vol. 81, No.6, 1973, s. 1453.
[30] Winters, s. 314.

Vadeli piyasalarda, döviz arz ve talebinin eşitlenmesinde; dış ticaretle uğraşanların "Hedging" yapma, faiz arbitrajı yapanların, "Covering" yapma (kendisini garanti altına alma) eğilimi ile spekülatörlerin kurlara ilişkin beklentileri gibi faktörler rol oynamaktadır[31]. Vadeli piyasalarda da spot piyasalarda olduğu gibi döviz arz ve talep şedüllerinin eğim ve elastikiyetleri belirleyici olmaktadır.

Şekil 1.3. Vadeli Döviz Piyasalarında Denge

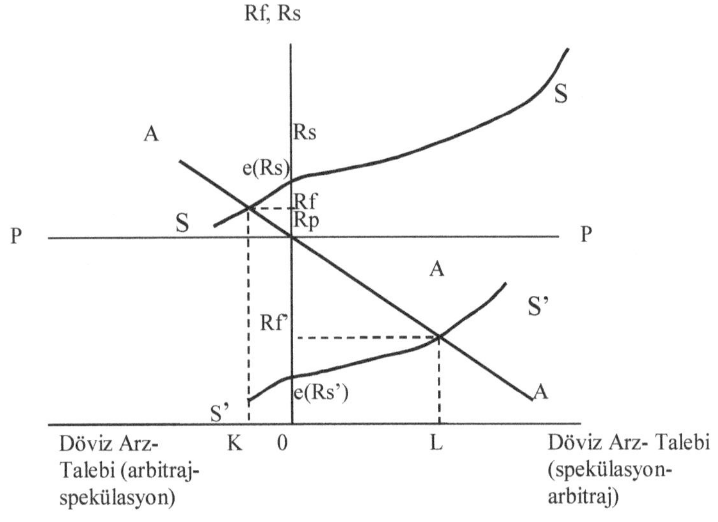

Kaynak: Güran, 1987, s. 36.

Vadeli döviz piyasasında dengenin oluşumunda uygulanan kur sistemi belirleyici olmaktadır ki döviz kurlarının piyasada arz ve talebe göre oluştuğu bir kur sisteminde bu durum şekil yardımıyla şu şekilde açıklanabilecektir[32]. Spot kur, Rs düzeyinde, faiz paritesi kuru Rp

---

[31] Carbough, (Fourth Edition), s. 307- 311.
[32] Güran, (Döviz Kuru sistemleri), s. 36-39.

düzeyinde ve yurt dışı piyasalarda faizler daha yüksek olduğunda, vadeli iskontonun yüksekliği sebebiyle vadeli kur Rf gibi bir düzeye çıkıncaya kadar faiz arbitrajı yapılamayacaktır. Çünkü Rf kurunda yabancı ülke parasının vadeli iskonto oranı faiz farklılığından daha küçük olacak, böylece, faiz arbitrajı yapanlar peşin piyasadan aldıkları dövizi faiz getirmek üzere yurt dışına yatıracaklar ve aynı anda vadeli piyasada döviz satarak kur riskinden korunup kar elde edebileceklerdir.

Vadeli kur yükseldikçe iskonto oranı düşüp kar imkânı artacaktır. Vadeli kur Rf' olduğunda vadeli iskonto oranı, yabancı ülke lehine faiz farkından daha yüksek olacak ve bu durumda yukarıdakinin tersi işlemler yapılacak; yani peşin piyasada döviz satılıp, vadeli piyasada döviz satın alınacaktır. Bu durumda faiz arbitrajcılarını temsil eden AA gibi bir eğri bulunacaktır.

Konuyu başka bir açıdan ele almak için, dış ticaretle uğraşanların vadeli piyasada işlem yapmadıkları ve piyasa katılımcılarının arbitraj ile uğraşanlar ve spekülatörler olduğu varsayıldığında, öncelikle e(Rs) gibi geleceğe ilişkin bir spot kur tahmini söz konusu ise AA ve SS eğrilerinin kesiştiği noktadaki vadeli kur denge kuru olacak ve buna karşılık gelen miktarı döviz arbitrajı ile uğraşanlar satarken, gelecekte kurların daha yüksek olacağını tahmin eden spekülatörler satın alacaktır. Spekülatörlerin tahmin ettikleri spot kur ile mevcut spot kur birbirine yakın olacaktır. Buna karşılık spekülatörlerin tahmin ettiği kur e(Rs') ise, arz-talep eğrisi S'S' şeklini alacak vadeli denge kuru Rf' olacaktır. Bu durumda yukarıda belirtilenin tersi bir işlem ortaya çıkacak ve arbitraj yapanlar Rf' kuruna karşılık gelen miktarda dövizi satın alırken spekülatörler satıcı olarak piyasaya gireceklerdir.

Kurların serbestçe değil, bir bant içinde hareket edebildiği sabit bir kur sisteminde ise kurların değişmeyeceğine olan güven gerek spekülatörlerin gerekse de arbitraj ile uğraşanların davranışlarını belirleyecektir. Şöyle ki kurların destekleme noktalarını aşmaması spekülatörlerin riskini azaltarak SS eğrisinin elastikiyetini sonsuza yaklaştırırken; aynı durum garantili faiz arbitrajına olan gereksinimi azalttığından faiz paritesi kurunun üzerinde garantisiz faiz arbitrajı yapılacak ve AA eğrisinin elastikiyeti oldukça azalacaktır. AA ve SS şedüllerinin kesiştiği noktadaki kurda vadeli denge döviz kuru olacaktır.

Şekil 1.4.Sabit Kur Sistemi Altında Vadeli Döviz Piyasası Dengesi

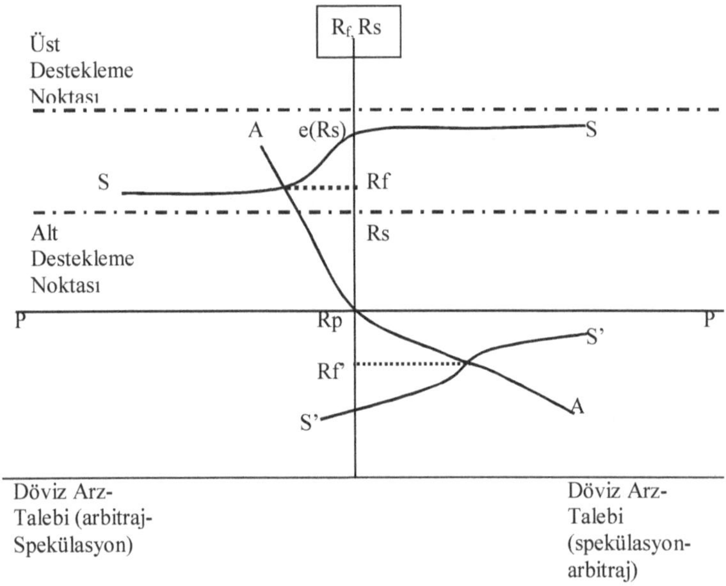

Kaynak: Güran, 1987, s. 39.

Peşin kur alt destekleme noktasında olursa vadeli kur primli olup bu prim arbitraj yapanlarca elde edilecek; üst destekleme noktasında olursa vadeli kur iskontolu olacaktır. Faiz paritesi kurunun altında bir vadeli kur ve beklenen spot kur söz konusu olduğunda, daha az elastik olan S'S' eğrisi ile AA eğrisinin kesiştiği Rf' kurunda vadeli piyasa dengesi sağlanacak, spekülatörler vadeli döviz arz ederken arbitraj ile uğraşanlar vadeli döviz talep edeceklerdir[33].

Örneğin, ABD Dolarının İngiliz Sterlini karşısındaki peşin kurunun 1 İngiliz Sterlini = 2 ABD Doları olması durumunda; vadeli kur, peşin kurdan yüksek ve 2.05 $ gibi bir seviyede ise vadeli kurun % 2.5 primli olduğu; buna karşılık vadeli kurun 1.96 $ seviyesinde olması durumunda ise % 2 oranında iskontolu olduğu söylenebilecektir.

Eğer iki ülke arasında faiz farklılığı var ise, bu durum peşin ve vadeli kurlar arasındaki farkı artıracağı gibi faiz arbitrajına da olanak sağlayabilecektir[34]. Şöyle ki, New York piyasasında kısa vadeli faiz oranı yıllık % 3.00 iken Londra piyasasında bu oranın % 5.50 olduğunu ve İngiliz Sterlini için vadeli iskonto oranının % 2 olduğunu kabul edelim. Böyle bir durumda vadeli iskonto faiz farkından küçük olacağından arbitrajcılar, peşin piyasadan aldıkları İngiliz Sterlini'ni İngiltere'ye yatıracaklar ve aynı anda vadeli piyasada sterlin satarak kur riskine karşı kendilerini güvenceye alıp kar elde edebileceklerdir. Vadeli iskonto oranının % 2.5'in üzerine çıkması halinde (döviz kurunun R_f' gibi bir noktada olması) vadeli iskonto iki ülke arasındaki faiz farkını aşacağından peşin döviz satılıp vadeli döviz alımı yoluna gidilecektir.

---

[33] Güran, (Döviz Kuru Sistemleri), s. 39.
[34] Södersten ve Reed, s.528-529.

1.2.3. Peşin ve Vadeli Döviz Kurları Arasındaki Etkileşim

Vadeli ve peşin döviz kurları arasında, vadeli döviz piyasalarında dengenin nasıl sağlanacağı konusu incelenirken de belirtildiği gibi yakın bir ilişki söz konusudur. Örneğin, vadeli kur, cari peşin kurdan küçükse yabancı paranın ulusal paraya göre vadeli iskontolu olduğu; aksi durumda ise primli olduğu kabul edilebilecektir. Vadeli kuru Fr, spot kuru Sr ile ve vadeli iskonto ve primi Fd ve Fp ile gösterecek olursak, vadeli iskonto ya da prim şu formülle hesaplanabilecektir[35].

$$\text{Fd veya Fp} = \frac{Fr - Sr}{Sr} \times 4 \times 100$$

Formül 4 ile çarpılarak, vadeli iskonto veya primi yıllık olarak ifade etmek; 100 ile çarpılarak da vadeli iskonto ya da prim yüzde olarak ifade etmek istenmiştir. Buna göre, örneğin Türk Lirası'nın ABD Doları karşında peşin kuru 1.50 TL/$ iken; vadeli kuru 1.60 TL/$ ise

$\text{Fp} = \frac{1.60 - 1.50}{1.50}.4.100 = +\%26$ ABD Dolarının Türk Lirası karşısında % 26 primli olduğu söylenebilecektir.

1.3. Dış Denge (Ödemeler Dengesi) ile Döviz Piyasası Dengesi Arasındaki İlişki

Ülkelerin belli bir dönem içerisinde dış ülkelerle gerçekleştirdikleri ekonomik ve mali işlemlerin sistematik kaydına dayalı olarak ortaya çıkan tablo ödemeler bilançosunu ifade etmektedir. Ödemeler Dengesinin tanımlanmasında Machlup tarafından üç ayrı denge tanımı kullanılmıştır. Bunlar "piyasa dengesi", "program dengesi" ve "muhasebe denkliğinden"

---

[35] Salvatore, s. 435.

oluşmaktadır[36]. Piyasa dengesi, döviz piyasasının analizinde kullanılan ex ante bir yaklaşım olup, yaklaşımda, döviz kurundaki değişmelerin efektif döviz arz ve talebi üzerindeki olası etkileri üzerinde durulmaktadır. Örneğin, bir ülke piyasasında döviz açığı söz konusu ise, ödemeler dengesi, herhangi bir hükümet müdahalesi olmaksızın veri döviz kurunda dövizin efektif talebinin arz edilenden fazla olması şeklinde tanımlanabilecektir.

Program dengesi, ülkenin sermaye ihtiyacı ile elde var olan kaynaklarının üzerindeki ihtiyaçlarının yabancı finansman yoluyla karşılanmasına ilişkin bir programa dayalı olarak, gelecekte belli bir süre boyunca sahip olunacak kaynaklar ile kullanılan yabancı fonların ifade edildiği bir kavramı temsil etmektedir. Buna göre, bir program dengesinde döviz açığı, bazı standartlar çerçevesinde önemli olduğu kabul edilen belli amaçlar için ihtiyaç duyulan döviz miktarının eldeki daimi kaynaklardan gelmesi umulan döviz miktarından fazla olması şeklinde tanımlanabilecektir. Ancak program dengesinin önemi tanımdan da görülebileceği üzere politik bazı yargı ve kararları da içermesidir.

Öte yandan program dengenin bir önceki denge tanımından farklı olarak ihtiyaç duyulan döviz miktarını esas alması ise, döviz arz ve talebinin giderilmesi konusunda bir öncekinden çok farklı bir politik seçeneği ortaya çıkarabilecektir. Şöyle ki, piyasaya dayalı bir dengede genişletici bir para ve maliye politikasına bağlı olarak oluşacak para arzı ve reel gelir artışı ihracatı azaltıp ithalatı artırırken program dengesinde böyle bir politika tam aksine üretim ve ihracatı artırıp ithalatı azaltabilecektir.

Muhasebe denkliği ise, ülke yerleşikleri ile dış ülke yerleşikleri arasında bir ya da daha uzun yılı içeren geçmiş dönemde gerçekleşen reel

[36] Fritz Machlup, Three Concepts of the Balance of Payments and the So called Dollar Shortage, The Economic Journal, 1950, s. 47.

ve finansal tüm işlemlerin kaydedildiği bir dengeyi temsil etmektedir. Çift yanlı kayıt tekniğine göre çalışan ex post bir yaklaşımdır. Bu nedenle de sürekli denge olduğu kabul edilmesine rağmen alacak ve borç kalemleri arasındaki olası bir dengesizlik ekonomik değil istatistiki hata ve ihmallerden ancak kaynaklanabilecektir. Buna göre bir döviz açığı ülkenin uluslararası işlemlerinin yıllık kaydında borç kısmına kaydedilen döviz miktarının, aynı hesapta alacak kısmına kaydedilen döviz miktarını aşması olarak tanımlanabilecektir.

Her yaklaşımın farklı tanımları temsil etmesi bir ödemeler dengesi açığının her üç tanım için de farklı anlama gelmesine yol açacaktır. Ödemeler bilançosuna ilişkin tek bir tanım bulunmamakla ve farklı dış denge tanımları yapılabilmekle birlikte piyasa dengesi analizinde de görüldüğü üzere döviz piyasası dengesi ile ödemeler bilançosu dengesi arasında yakın bir ilişki söz konusu olabilecektir. Örneğin, döviz arzının döviz talebinden az olması ödemeler bilançosu açısından bir dengesizliği ifade edebilecek ve bu durum ulusal paranın değer kaybetmesini gerektirecektir.

Ödemeler bilançosu, çift yanlı muhasebe tekniği ile kayıt ilkesine göre tutulduğundan dolayı muhasebesel anlamda her zaman denk olmakta ancak bu denklik "denkleştirici işlemlerden" kaynaklanmaktadır. Dış alemden otonom gelir ve ödemelerin birbirine eşit olması ise ekonomik anlamda denkliği ifade etmektedir. Otonom işlemler ise cari işlemler hesabını kapsamaktadır. Cari işlemler hesabına mal ve hizmet ticareti ile tek yanlı özel yardımların ve uzun vadeli sermaye hareketlerinin dahil olduğu kabul edilmekte kısa vadeli sermaye hareketleri ile resmi rezerv değişmeleri dahil edilmemektedir[37]. Kısa vadeli sermaye hareketlerinin denkleştirici olarak kabul edilmesi ile ödemeler bilançosunda temel denge tanımına ulaşılmaktadır. Resmi nitelikli kısa süreli sermayenin denkleştirici nitelikli olduğu kabul edildiğinde ise resmi rezervler dengesi tanımına ulaşılmakta ve resmi rezervler dengesi sağlandığında döviz piyasası dengesi de sağlanmış olmaktadır[38].

1.4. Döviz Kurlarının Belirlenmesi ve Değişimini Açıklayan Teorik Yaklaşımlar

Döviz kurundaki değişimlerin açıklanmasında farklı teorik yaklaşımlar ortaya konulmuştur. Örneğin, Satın Alma Gücü Paritesi yaklaşımı, döviz piyasalarındaki fiyat farklılıklarından yararlanmaya dönük arbitraj faaliyetlerinin döviz kurları üzerindeki etkisini esas alırken, Faiz paritesi teorisi, sermaye hareketlerini de analize dahil ederek döviz kurlarına ilişkin vadeli prim yada iskonto oranlarının ülkeler arasındaki faiz farklılığı ile bağlantısını esas alarak kur değişmelerini açılamaya çalışmıştır. Varlık modeli yaklaşımları ise diğer yaklaşımların aksine döviz ve döviz kuru kavramlarını varlık ve varlık fiyatı olarak farklı bir biçimde tanımlamış; döviz kurlarının belirlenmesinde de diğer finansal varlıklar gibi gelecekte beklenen değeri esas almıştır. Belirtilen bu teorik yaklaşımlar aşağıda ayrı başlıklar altında ele alınmaya çalışılmıştır.

---

37 Machlup, s.61-62.
38 Güran, Döviz Kuru Sistemleri, s.30.

1.4.1. Fiyat Değişimleri ve Döviz Kurlarının Oluşumu: Satın Alma Gücü Paritesi (SAGP) Yaklaşımı

Döviz Kurlarında uzun dönemdeki değişmelerin açıklanmasında önemli bir yeri olan Satın Alma Gücü Paritesi temel olarak sabit kur sistemlerinde ülkeler arasında denge değişim oranının yurtiçi satın alma güçlerine göre belirlendiği kabulüne dayanmaktadır. Teoriye göre, bir ekonomik varlığın farklı ülkelerdeki farklı fiyatı söz konusu fiyat farklılığından kar elde etmeye dönük arbitraj faaliyetleri sonucunda eşitlenmektedir[39]. Bu arbitraj faaliyetleri döviz piyasalarında gerçekleşirse kurların; mali varlık piyasalarında gerçekleşirse faiz oranlarının eşitleneceği sonucuna ulaşılabilecektir. Konuya ilişkin Mutlak SAGP ve Nispi SAGP şeklinde iki yaklaşım bulunmaktadır.

Mutlak Yaklaşım, iki ülke arasındaki denge döviz kurunun bu ülkelerin iç fiyatları oranına eşit olması şeklinde ($R= p_a/p_b$) tanımlanırken; Nispi Yaklaşım, döviz kurlarındaki değişimi iki ülkenin enflasyon oranları arasındaki farklılık ile açıklamaktadır[40]. Yaklaşıma göre başlangıç yılı "0"; sonraki yıl "t" ile ifade edilirse, e_0 başlangıçtaki kuru, e_t sonraki dönem kurunu, p_0 ve p_t A ülkesinin başlangıçtaki ve sonraki fiyat seviyesini, p_{f0} ve p_{ft} de B ülkesinin başlangıçtaki ve sonraki fiyat seviyesini temsil edecek ve B ülkesi için denklem şöyle oluşturulabilecektir[41];

$$\frac{et}{eo} = \frac{pt/po}{pft/pfo}$$

[39] Steven Husted, Michael Melvin, International Economics, Pearson Addison-Wesley, Sixth Edition. USA, 2004.
[40] Jacob A. Frenkel, A Monetary Approach To The Exchange Rate: Doctrinal Aspects and Empirical Evidence, Scandinavian Journal of Economics, Vol. 78, No. 2, 1976, (Monetary Approach), s. 201.
[41] Walter, s.321- 322.

1973 yılında Bretton Woods sisteminin yıkılması ve esnek kur sistemine geçilmesi ile birlikte kurlarda da her an ve şiddetli dalgalanmaların ortaya çıktığı bir döneme girildi. Bu dönem aynı zamanda döviz kurlarının oluşumunun açıklanmasında o döneme kadar önemli bir yer tutan satın alma gücü paritesinden sapmaların süreklilik kazandığı bir yapıyı da beraberinde getirdi. Paranın miktar teorisinin açık bir ekonomiye uyarlanması olarak kabul edilebilecek olan Satın Alma Gücü Paritesi'nin, son döneme kadar sistemde ortaya çıkacak şokların parasal kaynaklı olması durumunda uzun dönemde geçerli olacağı kabul edilmekteydi.

Satın Alma Gücü Paritesi'nin sahip olduğu bazı katı varsayımlar bu yaklaşıma yönelik eleştirilerin kaynağını oluşturmaktadır. Şöyle ki, yaklaşımda döviz kurunun ekonomideki tüm mal ve hizmetlerin fiyatlarını yansıttığı kabul edilmektedir. Yurtiçi fiyatları etkileyen ama dış ticarete konu olmayan mal ve hizmetler ile dış ticarete konu malların fiyatlarını etkileyen taşıma giderleri, tarife vb. engeller dikkate alınmadığı gibi fiyat farklılıklarının dışında dış ticareti etkileyen gelir, zevkler ve diğer faktörler de dikkate alınmamaktadır. Ayrıca uzun vadeli sermaye akımlarının döviz kurlarına etkisi ve ortak bir fiyat indeksi bulunmaması gibi zorluklar da yaklaşımın zayıf yönlerinden bazılarını oluşturmaktadır[42].

Satın Alma Gücü Paritesi'nin (SAGP) uzun dönemdeki geçerliliğinin sorgulanmasına yol açan etmen ise 1970'li yıllarda yaşanan reel şokların ve zorunlu sektörel nispi fiyat değişmelerinin denge nispi fiyat yapısını değiştirerek döviz kurları ile fiyatlar arasındaki bağlantıyı koparmasıdır. Nitekim Frenkel tarafından yapılan analizlerde 1920'li yılardaki esnek kurlar döneminde Satın Alma Gücü Paritesi'nin daha geçerli olduğu

---

[42] Walter, s. 321.

sonucuna ulaşılmıştır[43]. Öte yandan döviz piyasalarında ortaya çıkacak ani bir haber geleceğe yönelik bekleyişleri etkileyerek döviz kurlarında dalgalanmalara yol açarak Satın Alma Gücü Paritesi'nden sapmaların diğer bir kaynağını oluşturabilmektedir.

1.4.2. Sermaye Hareketleri ve Döviz Kurlarının Oluşumu: Faiz Paritesi Teorisi

Faiz paritesi teorisi temel olarak, garantili faiz arbitrajının farklı ulusal paralar cinsinden benzer nitelikteki menkul kıymetler arasındaki faiz oranı farklılıklarını ortadan kaldıracağı durumu ifade etmektedir[44]. Teori, döviz ile yapılmış vadeli kontratların prim ya da iskonto oranının diğer ülke ile olan faiz oranı farklılığı ile bağlantılı olduğunu göstermektedir.[45].

Fonların dış finans piyasalarındaki daha yüksek faiz oranlarından yararlanmak amacıyla transferi öncelikle ulusal paranın yabancı paraya dönüştürülmesini; gelir elde edildikten sonra da vade sonunda tekrar ulusal paraya çevrilmesini ifade ettiğinden yabancı paranın olası bir depresiasyonu yatırımcılar açısından temel risk faktörü olmaktadır. Yatırımcıların böyle bir kur riskine karşı güvence altına alınması ya da alınmamasına göre faiz arbitrajı da garantili ya da garantisiz faiz arbitrajı adını almaktadır. Nitekim, Spot ve Vadeli piyasalarına ilişkin geleneksel analizlerde ağırlık garantili faiz arbitrajı üzerinde olmaktadır.

Faiz arbitrajı yapanların vadeli döviz piyasalarında vadeli döviz alış sözleşmesi yaparak kendilerini kur riskine karşı koruması şeklinde

---

[43] Frenkel, Flexible Exchange Rates, s. 694-695.

[44] Ian H. Giddy, An Integrated Theory of Exchange Rate Equilibrium, Journal of Financial and Quantitative Analysis, Vol. 11, No. 5, 1976, s. 886.

[45] Jacob A. Frenkel, Elasticities and The Interest Parity Theory, The Journal of Political Economy, Vol. 81, No. 3, 1973, s .742.

tanımlanabilecek olan garantili faiz arbitrajı, spot ve vadeli döviz piyasaları ile ulusal ve yabancı menkul kıymet piyasaları olmak üzere dört piyasadaki eş anlı faaliyetlerden oluşmaktadır. Faiz arbitrajı ile uğraşanlar da bu piyasalarda eşanlı olarak gerçekleşen işlemlerden risksiz bir kazanç olanağı sağlamaya çalışmaktadırlar. Dolayısıyla, garantili faiz arbitrajı, spot olarak satın alınan bir yabancı paranın eş anlı olarak vadeli satışını ifade etmektedir. Yüksek faiz oranına sahip olan para ise, genelde vadeli iskontolu olduğu için, yapılan yatırımdan elde edilecek net getiri, dış piyasalar lehine olan faiz farkından yabancı para üzerindeki vadeli iskonto çıkarılarak bulunabilecektir.

Faiz paritesi teorisine göre dengeye ulaşıldığında, vadeli kur, faiz paritesi vadeli kuruna eşit olacaktır. Vadeli piyasada söz konusu dengeyi sağlayacak olan temel unsur ise garantili faiz arbitrajı olacaktır. Örneğin vadeli kur, faiz paritesi vadeli kurunu aşacak olursa, garantili faiz arbitrajı yapanlar, ana ülkedeki piyasadan fon borç alacaklar, spot piyasadan yabancı para satın alıp, dış piyasada yurt dışı faiz oranından borç verecekler ve eşanlı olarak da yabancı parayı vadeli piyasada satacaklardır. Sonuçta yeniden dengeye ulaşılıncaya kadar vadeli kur düşecek ve/veya faiz paritesi vadeli kuru yükselecektir[46].

Fonların faizlerin nispeten düşük olduğu mali merkezlerden yüksek olanlara doğru akımı faiz farklılığını azaltacak; aynı zamanda yüksek faiz oranına sahip yabancı paranın spot piyasada satın alınması spot kuru yükseltirken; vadeli piyasada satılması vadeli kuru düşürecektir. Bu da ilgili paranın vadeli iskonto oranını yükseltecektir. Sonuçta faiz farklılığındaki azalma ve vadeli iskonto oranındaki artış eşitlik sağlanana

[46] Dwight E. Phaup, A Reinterpatation of the Modern Theory of Forward Exchange Rates, Journal of Money, Credit and Banking, Vol 13, No 1, 1981. s. 477.

kadar devam edecek, bu eşitlik sağlandığında yükse faize sahip olan paranın "Garantili Faiz Arbitrajı Paritesi"nde (Covered Interest Arbitrage Parity) olduğu kabul edilebilecektir[47].

Nitekim, Şekil 1.5.'de, dikey eksen ulusal para piyasasında geçerli olan faiz oranı ile dış dünyadaki faiz oranı arasındaki yıllık farklılığı yüzde olarak göstermektedir ($i- i^*$) Bu oranın negatif değerler alması yurtdışı faiz oranının ana ülkeye göre daha yüksek olduğunu; pozitif değerler alması ise ana ülkede faizlerin daha yüksek olduğunu ifade etmektedir. Yatay eksen ise yabancı paranın vadeli iskonto ya da prim oranını yıllık yüzde olarak ifade etmektedir. Orijinden geçen doğru, Garantili Faiz Arbitrajı Paritesi Doğrusu'nu (GFAP) temsil etmektedir.

Ulusal para piyasasında geçerli olan faiz oranı ile dış dünyadaki faiz oranı arasındaki yıllık yüzde farklılık ($i- i^*$), -1'e eşit ise, şekilde C noktasında belirtildiği gibi yabancı paranın yıllık yüzde 1 vadeli iskontolu olduğu söylenebilecektir. Buna karşılık, yıllık yüzde farkın 1'e eşit olması durumunda ise D noktasında ifade edildiği gibi yabancı paranın yüzde 1 vadeli primli olduğu kabul edilebilecektir. Faiz farkı sıfıra eşit olduğunda da yabancı paranın vadeli iskontolu veya primli olması söz konusu olmayacak ve vadeli kuru spot kura eşit olacaktır. Şekilde, Garantili Faiz Arbitrajı Paritesi Doğrusu üzerinde ve orijinde bulunulacaktır. Parite doğrusunun altındaki noktalarda yabancı para lehine olan faiz farklılığı vadeli iskontosunu aşabilecek ya da vadeli prim pozitif faiz farkını aşabilecektir.

Örneğin A gibi bir noktada yurtdışı piyasa lehine yıllık % 2 gibi bir faiz farklılığı ve yabancı para için % 1'lik vadeli iskonto geçerli olacak ve

[47] Salvatore, s. 448- 450.

böylece yabancı ülke lehine yıllık % 1'lik garantili faiz arbitrajı marjı sermaye çıkışını özendirecektir. A' noktasında ise, yabancı para % 2'lik vadeli prime sahip olurken ulusal piyasa lehine de % 1'lik bir faiz farkı geçerli olacaktır. Bu durumda yatırımcılar, yurt dışında yatırım yaparak % 1 faiz kaybetmelerine karşın; değişim işleminden % 2 kazanç sağlayacaklarından yurt dışına yatırım yapmaya istekli olacaklardır. B' noktasında ulusal para için % 2 vadeli prim, yabancı ülke lehine % 1'lik bir faiz farklılığı; B noktasında ise, ulusal piyasa lehine % 2'lik bir faiz farklılığı ve yabancı ülke parası için % 1'lik bir vadeli prim geçerli olacağından ana ülkeye yatırım yapmak avantajlı olacaktır.

Şekil 1.5. Garantili Faiz Arbitrajı Paritesi Doğrusu

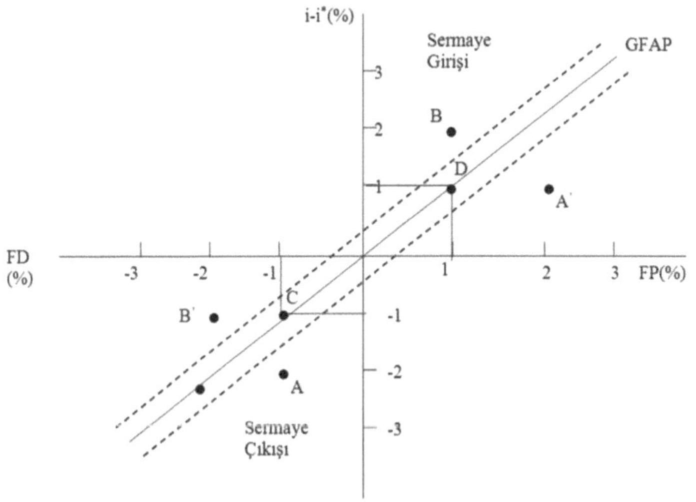

(FD: Vadeli İskonto Oranı, FP: Vadeli Prim Oranı, i: Ulusal faiz Oranı, i^*: Dış Faiz Oranı)

Kaynak: Salvatore, 1998, s. 448.

Burada şu iki nokta önem kazanmaktadır [48] : Öncelikle, faiz paritesinin yeniden sağlanması, sadece yurtiçi ve yurtdışı faiz oranındaki değişmeler ile vadeli döviz kurlarındaki değişmelerin ya da her iki faktörün bir bileşimini kapsamaktadır. Ayrıca, Garantili Faiz Arbitrajı Paritesi (GFAP) doğrusu, menkul kıymetler ile dövizin alım ve satımı bir maliyet içerdiğinden genişliği işlem maliyetlerini ya da piyasanın etkinliğini yansıtan bir bant biçiminde olmaktadır.

Faiz paritesi teoremine göre, bütünleşmiş uluslararası sermaye piyasalarında herhangi bir politik riski içermeyen faize dayalı finansal varlıklar için yabancı paranın vadeli priminin iki para birimi arasındaki faiz oranı farklılığına eşit olması gerekmektedir [49]. Dolayısıyla, iki piyasa arasındaki faiz farklılığı vadeli kurun prim ya da iskonto oranını aştığı sürece arbitraj olanakları devam edecek ve aşağıdaki denklemde belirtilen eşitlik oluştuğunda arbitraj imkansız hale gelecektir[50]. Nitekim, Keynes, vadeli döviz kurlarındaki ayarlanmaların garantili faiz farklılığını sıfıra indirmesine bağlı olarak arbitraj karı elde etme olanaklarının ortadan kalkma eğilimine sahip olduğunu savunmuştur[51].

Buraya kadar belirtilen vadeli prim, iskonto ve faiz farklılıklarına ilişkin koşulları formüle edecek olursak, dış piyasa lehine negatif faiz farklılığı, yabancı paradaki vadeli iskontoya; pozitif faiz farklılığı ise vadeli prime eşit olmaktadır. Faiz farklılığı ile $(i-i^*)$ ile yıllık yüzde vadeli iskonto (FD) ya da vadeli prim (FP) arasında fark bulunduğu sürece garantili faiz arbitrajı karlı olmaya devam edecektir. Bu ilişki FR simgesi ile vadeli

---

[48] Walter, s. 331.
[49] Mark P. Taylor, Covered Interest Arbitrage and Market Turbulance, The Economic Journal, Vol. 99, No. 396, 1989, s. 378.
[50] Södersten ve Reed, s. 529.
[51] Thomas Pugel, International Economics, Mc Graw Hill / Irwin, USA, 2004, s. 428.

kurun; SR simgesi ile de peşin kurun ifade edildiği aşağıdaki denklem ile formüle edilebilecektir[52].

$i - i^* = \frac{(Fr - Sr)}{Sr}$ denklemine göre, örneğin ABD Doları'nın Türk Lirası peşin kuru, 1.50 TL/$ iken vadeli kuru, 1,56 TL/$, iki ülke arasındaki faiz oranı farkı % 4 ise "GFAP" sağlanmış olacaktır.

Uluslararası sermaye yatırımlarında temel kaygı, yurtdışına gönderilen ulusal para fonlarının kur değişmelerinden zarar görmemesidir. Döviz piyasasında, bütün ulusal paraların beklenen getiri oranı eşitlendiğinde denge sağlanmış olacaktır. Örneğin, yurtiçi faiz oranı % 10 iken, yabancı faiz oranı % 5 ise denge için yabancı paranın % 5 değer kazanması gerekmektedir. Faiz paritesi gerçekleştiğinde döviz piyasasında denge de gerçekleşmiş olmakta, döviz kurları faiz paritesini sağlayacak şekilde değişmektedir[53]. Aşağıdaki şekilde bu mekanizma iki ulusal para cinsinden açıklanmaya çalışılmıştır.

Buna göre dikey eksen döviz kurunu, yatay eksen ise ulusal para cinsinden beklenen getiri oranını temsil etmektedir. Dikey doğru ile ulusal para cinsinden mevduatın getirisi; negatif eğimli doğru ile de yabancı para mevduatın ulusal para cinsinden beklenen getirisi temsil edilmiştir. $E_{d/f}$ simgesi ile de iki ulusal para arasındaki döviz kuru ifade edilmiştir. İki para arasındaki denge kuru iki şedülün kesiştiği A noktasında bulunmakta; $E_{d/f}^1$ olmaktadır. Bu noktada ulusal para ile yabancı paranın getirisi eşit olmaktadır. Diğer bir ifadeyle faiz paritesi sağlanmış olmaktadır[54].

---

[52] Salvatore, s. 451.

[53] Paul R. Krugman, Maurice Obstfeld, International Economics, Fifth Edition., Addison-Wesley, USA, 2000 s. 347.

[54] Krugman ve Obstfeld, s. 350-353.

Şekil 1.6.Faiz Paritesine Teorisine Göre Döviz Piyasasında Denge

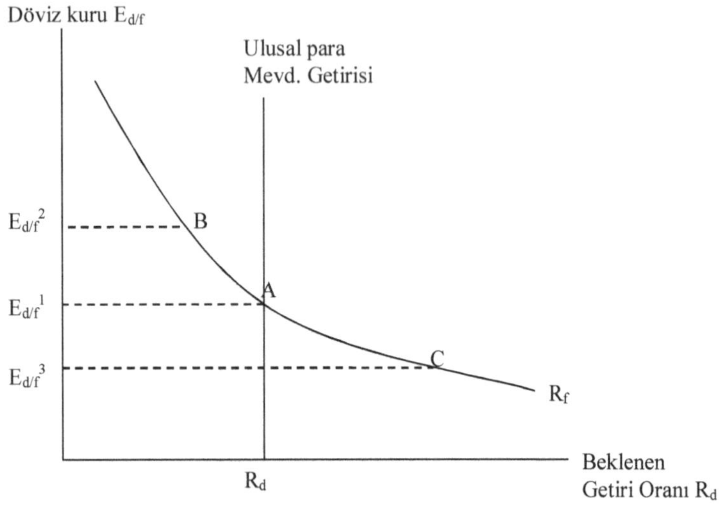

Kaynak: Krugman, Obstfeld, 2000, s. 351.

Başlangıçta B noktasında bulunulduğunda kur $E_{d/f}^2$ olacaktır. Yabancı para mevduatın beklenen getirisini ulusal para cinsinden gösteren eğriye göre kur $E_{d/f}^2$ olduğunda yabancı para mevduatının getiri oranı ulusal para mevduatının (R_d) getiri oranından daha az olacaktır. Bu durumda yabancı para mevduatı tutanlar daha karlı olan ulusal para mevduatına geçmek isteyeceklerdir. Piyasa katılımcıları yabancı para mevduatı tutmada isteksiz olduklarından piyasa dengeden uzaklaşmış olacaktır. $E_{d/f}^2$ kurunda ulusal para mevduatların getirisi daha yüksek olduğundan bu kurda yabancı para talebi olmayacaktır. Ulusal para talebi yükselirken döviz kuru $E_{d/f}^1$ 'ye düşecek ve her iki para için mevduatın getirisi eşit olacağından ticarete gerek kalmayacaktır. Benzer süreç C noktasında ve $E_{d/f}^3$ kurunda bulunulduğunda da gerçekleşecek ve yabancı para mevduatın getirisi ulusal paranınkinden daha fazla olduğundan ulusal para için talep yetersizliği ve yabancı para talebi artışı oluşacak, ulusal para değer kaybedecektir. Ulusal paranın değer kaybı ile kurun $E_{d/f}^{3}$'den $E_{d/f}^{1}$'e çıkması ulusal paranın gelecekte beklenen değer kaybı oranını düşürerek, yabancı para mevduatını daha az çekici hale getirecektir[55].

Vadeli kurlara ilişkin yukarıda belirtilen teorik yaklaşım, daha önce de belirtildiği üzere kurların iki piyasadaki faiz oranları arasındaki farklılık tarafından belirlendiği ve uluslararası piyasalarda faiz farklılıklarının ortadan kaybolması eğilimi olduğuna dayanmaktadır. Böylece vadeli kurlar faiz paritesi koşulunu sağlayacak şekilde değişmekte ve tüm farklılıklarına rağmen para piyasaları arasında bir uyum söz konusu olmaktadır.

Yurtiçi faiz oranındaki bir yükselmenin yukarıda belirtildiği gibi ulusal paranın değer kazanmasına yol açması, her zaman geçerli olmayabilecektir. Nitekim ($i=i_r+e$) şeklindeki Fischer Eşitliğine göre, bir ekonomide faiz oranı, reel faiz oranı ile beklenen enflasyon oranının toplamına eşit olmaktadır. Bu açıdan faizlerdeki yükselmenin kaynağının ne olduğunun bilinmesi önem kazanmaktadır. Çünkü nominal faiz oranındaki yükselme beklenen enflasyondaki artıştan kaynaklanıyorsa ulusal paranın değer kaybedeceğine yönelik bekleyişler artmakta ve bu durum, yabancı paranın beklenen getirisinde artışa ve eğrinin sağa kaymasına yol açmaktadır. Ulusal paranın da artan faiz oranı sebebiyle beklenen getirisi artıp, R_d doğrusu da sağa kaymakla birlikte beklenen değer kaybı getiri artışından daha fazla olabileceğinden R_f doğrusundaki kayma daha fazla olabilecek; beklenen enflasyon oranı artışına bağlı faiz artışı nedeniyle ulusal para değer kaybedebilecektir.

---

[55] Krugman ve Obstfeld, s. 351.

Vadeli kurların dengelenmede pasif bir rol oynadığı ve faiz paritesi tarafından etkilenebilmesine karşın faiz paritesini etkileyemediği varsayımı altında, belli şartlarda ülkeler arasındaki faiz farklılıklarını giderdiğinin kabul edilmesine karşılık; bazen ulusal faiz oranları arasındaki farklılığı gidermenin yerine uluslararası faiz oranlarını birbirinden uzaklaştırarak para piyasalarının bütünlüğünü zedeleyebilmektedir. Çünkü normal şartlar altında dahi faiz oranları ile vadeli kurlar arasında farklılıklar olabilmekte ve bu bankaların yeniden dengeye ulaşabilecek ölçüde söz konusu farklılıklardan yararlanmak istememeleri ya da bunu sağlayamamalarından kaynaklanabilmektedir[56]. Ayrıca yüksek faiz oranına sahip olan ülkede yüksek vergi oranları geçerli olabilir, yatırımcılar ilgili ülkedeki yatırım fırsatları konusunda yeterli bilgi sahibi olmayabilirler veya ilgili ülkede hükümetin kambiyo kısıtlamalarına başvurabileceği endişesine sahip olabilirler ki bu ve benzeri faktörler de söz konusu farklılıkların nedeni olabilmektedir.

1.4.3. Döviz Kurlarının Belirlenmesinde Varlık Yaklaşımları

Döviz kurlarının belirlenmesinde geleneksel akım modeli döviz kurlarının, döviz arzı ile yurt içi yerleşiklerin döviz talebini eşitleyecek şekilde ayarlandığı kabulüne dayanmaktadır. Döviz talebi yurtiçi yerleşiklerin yabancı mal ve varlık talebinin; döviz arzı ise yabancıların yurt içi mal ve varlık talebinin bir sonucudur. Ulusal malların dış talebinin dış alem gelir düzeyi tarafından; yabancı malların yurt içi talebinin ise ulusal gelir düzeyi tarafından belirlendiği kabul edildiğinden, nispi gelir, döviz kurunun temel belirleyicisi olmaktadır. Dolayısıyla, kurlara ilişkin akım yaklaşıma göre, örneğin, spekülasyondan aşırı kazanç elde edilmesi,

[56] Paul Einzig, Some Theoritical Aspects of Forward Exchanges, The Economic Journal, Vol.46, No.183, 1936, s. 463.

nispi gelirde beklenmedik değişmeler ve faiz farklılıklarındaki beklenmedik değişmelerden doğabilmektedir.

Döviz Kurlarının Oluşumuna ilişkin son dönem teorik tartışmalarda daha önceki yaklaşımların aksine ulusal menkul kıymetlerin uluslararası talebini eşitleyen kurlar ve dolayısıyla varlık piyasası modelleri önem kazanmıştır. Bu modeller yerli ve yabancı varlıkların ikame derecelerine göre sınıflandırılmaktadır[57].

Döviz kurlarının oluşumunda sermaye hareketlerinin giderek artan önemi karşısında, geleneksel akım piyasa modellerine alternatif olarak Mundell ve Fleming tarafından döviz kurlarının oluşumunda ilk kez sermaye mobilitesini dikkate alan bir model oluşturulmuştur. Varlık piyasası modelleri olarak bilinen bu modellerin akım modellerinden farkı, döviz kurunun ulusal varlık stokunun uluslararası talebini eşitleyecek şekilde ayarlanması yönünden olmaktadır.

Döviz, bu yaklaşıma göre yatırımcılar açısından bir finansal varlık durumunda olup; döviz kuru da finansal tahviller gibi bir varlık fiyatıdır ve bir paranın başka bir para karşısındaki fiyatını göstermektedir. Yabancı paraların da şimdiki değerini diğer finansal varlıklar gibi gelecekte beklenen değeri belirlemektedir. Halbuki geleneksel analizlerde ticaret akımları kurların temel belirleyicisi olarak ele alınmaktadır[58]. Ticaret fazlası veren ülkelerin parasının değerleneceği; açık veren ülkelerinkinin de değer kaybedeceği beklenmekte; ancak bu yaklaşım ile ticaret açığı veren

---

[57] Dennis L. Hoffmann, Don E. Schlagenhauf, The Impact of News and Alternative Theories of Exchange Rate Determination, Journal of Money, Credit and Banking, Vol.17, No.3, 1985, s.332.

[58] Rudiger Dornbusch ve Stanley Fischer, Exchange Rates and the Current Account, The American Economic Review, Vol. 70, No.5, 1980, (Exchange Rates), s. 961.

ülkelerin parasının nasıl değer kazanabildiği ya da aksi açıklanamamaktadır.

Buna karşılık yeni döviz kuru teorilerinde (Varlık Piyasası modellerinde) döviz kurlarının ticaret dengesini sağlayıcı rolünün yerini uluslararası finansal varlık ticaretinde dengeyi sağlayıcı görünümü almıştır. Finansal varlık fiyatlarına göre mal fiyatlarındaki ayarlanma daha yavaş gerçekleştiğinden ve finansal varlıkların her gün eş anlı ve devamlı olarak ticareti yapıldığından mal piyasalarından varlık piyasalarına bu kayış önemli bir anlamı içermektedir.

Farklı ülkelerin finansal varlıklarının arz ve talebi değiştiği için kurlarda her gün ve her dakika değişmektedir. Döviz kurlarının, iki finansal varlık arasındaki nispi fiyat olarak kabul edilmesi, ekonomik istikrarın sağlanmasında ithal ve ihraç mallarının nispi fiyat elastikiyetlerinin yerini varlık ikame etkileri ile bekleyişlerin almasını beraberinde getirmiştir[59].

Finansal varlık piyasalarına dayalı kur modelleri tam bir sermaye mobilitesi ve sermaye piyasalarında sürekli ve eşanlı bir denge var saymaktadır. Piyasaların etkin bir biçimde işlemesi, ileride piyasayı etkileyebilecek her türlü bilgi ya da olayın piyasayı etkilemesini garanti etmekte ve gerek spot, gerekse de vadeli teslim kurlar gelecekle ilgili ulaşılabilen tüm bilgilere uyum sağlamaktadır. Yerli ve yabancı menkul kıymetler arasında tam bir ikamenin olması bunların getirisinin sürekli ve eş anlı olarak eşitlenmesini garanti etmektedir. Sermaye mobilitesinin tam olmasına karşın ikame olanaklarının az olması ya da sermaye mobilitesinin tam olmaması uluslararası faiz farklılıklarının oluşmasına olanak

[59] Pentti J. K. Kouri, The Exchange Rate and The Balance of Payments in The Short Run and in The Long Run: A Monetary Approach, Scandinavian Journal of Economics, Vol. 78, No. 2, 1976, (The Exchange Rate), s. 282.

tanımakta; dolayısıyla da, yerli tahvillerin arzında meydana gelecek bir artış yerli varlıkların risk primini artırmakta; ve bu durum yurtiçi faiz oranlarında yükselme ve /veya ulusal paranın depresiasyonu ile sonuçlanmaktadır[60].

Ancak belirtilen şartlar olsa dahi, kısa dönemde, bekleyiş hatalarından, uzun dönemde ise enflasyon oranları arasındaki farkın tam olarak tahmin edilmesinden kaynaklanan faiz farklıkları olabilmekte; küçük bir ülke bile varlıkların nispi arzını değiştirerek faizleri etkileyebilmektedir. Ülkeler arasında yatırımları engelleyecek sermaye kontrolleri ya da büyük işlem maliyetleri bulunmadığında garantili faiz arbitrajı garantili faiz oranı paritesini sağlayabilmektedir[61].

Parasal yaklaşım modelinin yerli ve yabancı tahviller arasında tam ikame olduğunu varsayarken; portföy dengesi modelinin mükemmel olmayan ikame koşullarını varsayması iki model arasındaki temel farklılığı oluşturmaktadır. Eğer yerli ve yabancı tahviller arasında tam bir ikame varsa, beklenen getiriler eşit olduğu sürece, yatırımcılar tahvillerin hangi para cinsinden olduğuna aldırmayacaklardır. Böyle bir durumda da yatırımcılar yabancı tahvil tutmak için prim talep etmeyecekler ve dolayısıyla parasal yaklaşım modelinde her hangi bir risk primi ve garantisiz faiz paritesi söz konusu olmayacaktır.

Tam bir ikame olmaması durumunda ise yatırımcılar farklı ülkelerin varlıklarını portföyleri içerisine alacaklar ve belli bir ülke varlığı için belli bir pay elde tutma arzusuna sahip olacaklardır. Portföy dengesi

---

[60] Keith Pilbeam, Economic Fundamentals and Exchange Rate Movements, International Review of Applied Economics, Vol. 15, No. 1, 2001, s. 56.
[61] Jeffrey A. Frankel, On the Mark: A Theory of Floating Exchange Rates Based on Real Interest Differentials, The American Economic Review, Vol. 69, No.4, 1979, (On the Mark), s. 611.

modellerinde genellikle nispi varlık arzlarının bir fonksiyonu olarak risk primi söz konusudur. Örneğin bir A ülkesinin varlık arzı B ülkesine nazaran arttığında, A'nın varlıklarına daha yüksek risk primi ödenecektir. Fakat Parasal yaklaşımda böyle bir prim bulunmayacaktır.

Portföy dengesi yaklaşımında parasal yaklaşımın aksine döviz kurlarının oluşumunda cari işlemler dengesi açık bir rol üstlenmektedir. Şöyle ki, yurtiçi üretimin massetme oranından daha fazla olması cari işlemler fazlasına yol açacak; cari işlemler fazlasına bağlı olarak yurtiçi yerleşiklerin yabancı tahvil stoklarında oluşacak bir artış, varlık sahiplerinin portföylerinde aşırı yabancı tahvil birikmesine yol açarak ulusal paranın apresiasyonunu (değer kazanımı) beraberinde getirecek ve artan massetme ile birlikte cari işlemler dengesi yeniden sıfır olduğunda denge sağlanmış olunacaktır[62]. Bu olgu Kouri tarafından "Hızlanma Hipotezi" (Acceleration Hypothesis) olarak adlandırılmıştır[63].

Eğer Parasal yaklaşımın tam ikame varsayımı bir kenara bırakılacak olursa, Portföy Dengesi Yaklaşımına yakınlaşacak ve kurları yerli ve yabancı para ile tahvillerin nispi arzları belirleyecektir. İki yaklaşımın temel özellikleri böylece ele alındıktan sonra aşağıda bu yaklaşımların ayrı ayrı incelenmesine geçilebilecektir.

1.4.3.1. Döviz Kurlarının Oluşumuna Parasal Yaklaşım

Dış dengenin sağlanmasını ve kurların oluşumunu açıklamaya yönelik mekanizmaları ortaya koyan parasal yaklaşım, döviz kurlarının, ulusal paranın arz ve talebinin eşitlenme süreci aracılığıyla belirlendiği varsayımına dayanmaktadır. Diğer bir ifadeyle parasal yaklaşım, döviz

[62] Kouri, The Exchange Rate, s. 287- 288.
[63] Pilbeam, s.56.

kurunu iki ulusal paranın nispi fiyatı olarak kabul ederek ulusal paraların talep ve arz fonksiyonu üzerinde yoğunlaşmıştır[64]. Bu nedenle aynı diğer mallar gibi ulusal paraların fiyatını da arz ve talebi belirlemekte ve para arzı para talebini aştığı taktirde ulusal para değer kaybetmektedir[65]. Örneğin Parasal bir yaklaşımda, peşin kurlar, nispi para arzı, gelir düzeyi ve uzun dönem beklenen enflasyon oranı farkının aynı yönlü; nominal faiz farkının zıt yönlü bir fonksiyonu olarak kabul edilebilecektir[66].

Yaklaşıma göre, para arzı ulusal para otoriteleri tarafından kontrol edilmekte; para talebi ise, bazı anahtar değişkenler ile istikrarlı ve önceden tahmin edilebilir bağlantılara sahip olmaktadır. Para talebi ile faiz oranı arasında zıt yönlü bir ilişki söz konusu olup, faiz oranı yükseldikçe para talebi azalmaktadır. Parasal Yaklaşımın en basit formunda, fiyat ve ücretlerin hem kısa hem de uzun dönemde esnek olduğu, Satın Alma Gücü Paritesi'nin geçerli ve finansal varlıklar için tam bir sermaye mobilitesi bulunduğu varsayılmaktadır. Finansal varlıkların birbiri yerine tam olarak ikame edilebilmesi faiz farklılıklarının beklenen döviz kuru değişmelerini tam olarak yansıttığının kabul edilmesinden kaynaklanmakta; ulusal tahvillerin nominal faiz oranı ise her bir ulusal parayı elde tutmanın fırsat maliyeti olmaktadır.[67]. Ayrıca modelin ücret esnekliği ve bekleyişlerle uyumlu olduğu varsayılmaktadır. Miktar teorisi çerçevesinde para arzındaki artış ve azalışlar faizler ya da milli gelir üzerinde kalıcı bir etkiye sahip olmaksızın fiyatlar genel düzeyini etkilemektedir.

---

[64] Douglas W. Caves and Edgar L. Feige, Efficient Foreign Exchange Markets and the Monetary Approach to Exchange- Rate Determination, The American Economic Review, Vol. 70, No. 1, 1980, (Foreign Exchange), s. 122.
[65] Halil Seyidoğlu, Uluslararası İktisat, Güzem Yayınları, İstanbul, 1996, (Uluslararası İktisat), s. 402.
[66] Frankel, On the Mark, s. 613.
[67] Ronald I. Mc Kinnon, The Exchange Rate and Macro Economic Policy: Changing Postwar Perceptions, Journal of Economic Literature, Vol. 19, No. 2, 1981, (The Exchange Rate), s. 547.

Döviz kurlarına parasal yaklaşımda kurların piyasadaki arz ve talebe göre belirlendiği esnek bir kur sisteminin geçerli olacağı; sabit ve esnek kur sistemleri arasında dikotomi (kopukluk) söz konusu olduğu kabul edilmektedir. Kurlar sabitlendiğinde para, dengesizliği giderecek şekilde ülkeler arasında hareket etmektedir. Parasal yaklaşıma dayalı bir analize uygun bir çerçeve oluşturmak için, para arzı, para talebi, ödemeler dengesi ve kurlara ilişkin basit bir model ile konu açıklanacak olursa; şu varsayımlardan hareket edilebilecektir.

Öncelikle merkez bankası, para ve mevduatlara karşılık tutulan ticari banka rezervlerinden oluşan para tabanını değiştirerek para arzını kontrol etmekte, para tabanındaki artışlar, para arzını genişletme eğiliminde olmaktadır. Para tabanının yurt içi bileşenini yurt içi krediler, diğer bileşeni ise uluslararası rezervler oluşturmaktadır. Aşırı mal veya finansal varlık arz ve talebine bağlı olarak oluşan parasal akımlar parasal tabanı ve dolayısıyla para arzını etkilemektedir. Para talebi fonksiyonu ise faiz oranları, gelir, dünya fiyat düzeyi, döviz kuru ve ulusal para karşısında diğer ülke paralarının beklenen getiri oranı gibi unsurları kapsamaktadır[68].

Para arzının para talebine eşit olduğu bir denge durumunda, para arzının artırılarak bir arz fazlasının ortaya çıktığı kabul edildiğinde; bireylerin sahip oldukları nakit para balansları fiyatlar, reel gelir, faiz oranları, refah ve fiyat bekleyişleri ile bağlantılı olarak tutmayı arzu ettikleri nakit balanslarını aşmaktadır. Bireyler bu fazla paradan kurtulmak için mal ve hizmet alımlarının yanı sıra finansal varlık taleplerini de artıracaklardır. İthalat artıp, ihraç mallarının artan iç talebine bağlı olarak ihracat azalırken, yurt dışından finansal varlık alımı hızlanacak ve tüm bu faktörler ulusal paranın depresiasyonuna neden olacaktır. Eğer para

---

[68] Caves ve Feige, Foreign Exchange, s. 122.

otoritesi para arzını artırmayı sürdürmezse, ihraç mallarının dış talebi ile ithal ikame malların iç talebi ve finansal varlık satın alımlarındaki artıştan dolayı faiz oranları düşecektir. Bütün bu değişmeler para talebini artıracağından yeniden denge sağlanmış olacaktır.

Uluslararası faiz oranlarını etkileyemeyecek kadar küçük ve dışa açık bir ekonomiye ilişkin istikrarlı bir para talebi ve para arzı tanımlandıktan sonra ödemeler bilançosunun analizindeki sabit kur sistemi varsayımının kaldırıp yerine esnek kur sisteminin konulması yoluyla parasal yaklaşıma dayalı bir kur teorisi şöyle oluşturulabilecektir[69];

$L = kPY(1)$ denklemine göre,

L: Nominal Para Balanslarına olan talebi; P: yurt içi fiyatlar genel düzeyini, Y: Reel Ulusal Geliri; k: P ya da Y'de bir değişme karşısında para talebinin nasıl değişeceğini gösteren sabit terimi ifade etmektedir. Gelirler arttığında daha çok mal ve hizmet alabilmek için; fiyatlar arttığında da aynı miktar malı alabilmek için para talebi artacaktır. Parasal yaklaşımın temel varsayımı para talebinin istikrarlı olduğudur. Dolayısıyla para talebi ile fiyatlar ve gelir arasındaki ilişki çok fazla değişmemektedir.

P: yurt içi fiyatlar genel düzeyini; R: Döviz kurunu; Pf: Dış fiyatlar genel düzeyini ifade etmek üzere; Satın Alma Gücü Paritesinin geçerli olduğu kabul edildiğinde şu eşitlik yazılabilecektir;

$P = RPf(2)$

[69] Södersten ve Reed, s. 564.

Eşitliğe göre ana ülkenin kendi parası ile ölçülmüş yurtiçi fiyatları, dış ülkenin kendi parası ile ölçülmüş ve döviz kuru ile çarpılmış fiyatlarına eşit olmaktadır[70]. Buradan,

$R = P/Pf$ yazıldığında mutlak satın alma gücü paritesine ulaşılmış olunmaktadır. Para arzı ile para talebinin birbirine eşit olacağından hareketle

$L = M(3)$ eşitliği yazılabilecektir.

Ancak kur rejimine bağlı olarak yukarıdaki eşitlik dengesini garanti eden ayarlanma mekanizması değişebilecektir. Sabit bir kur sistemi altında uluslararası para akımları kanalıyla ödemeler dengesizliği giderilerek para arzı para talebine eşitlenecektir. Esnek bir kur siteminde, kur değişmeleri yoluyla eşitlik sağlanacaktır. Kurların aşırı dalgalanmasını önlemek için piyasada serbestçe oluşumuna otoriteler tarafından müdahale edilen kontrollü bir dalgalanmada ise her iki araçta bulunacaktır. Buna göre iki ülke parası arasındaki döviz kuru parasal yaklaşıma göre şöyle belirlenebilecektir[71];

$L = k.P.Y$ ve yabancı ülke için $L = kf.Pf.Yf(4)$ şeklinde para talebi denklemi oluşturulacaktır.

Burada para arzı para talebine eşit olduğundan L yerine M konularak,

$M = k.P.Y\ (5)$ ve,

---

[70] Mc Kinnon, The Exchange Rate, s. 546.
[71] Dennis R. Appleyard, Alfred J. Field, s. 448.

$Mf = kf.Pf.Yf$ denklemleri elde edilecektir.

Denge durumunda para arzı para talebine eşit olacağından yabancı ülke para arzı denkleminin ana ülke için olan para arzı denklemine bölünmesi 6 numaralı denklemi oluşturacaktır[72].

$$\frac{Mf}{M} = \frac{kf.Pf.Yf}{k.P.Y} (6)$$

6 numaralı denklemin her iki tarafının Pf / P ve Mf / M ile bölünmesiyle de 7 numaralı denkleme ulaşılacaktır. Yurtiçi enflasyonun dış ülkenin enflasyon oranına bölümünün döviz kuruna eşit olmasından ($R = P / Pf$) hareketle de 8 numaralı eşitlik elde edilebilecektir[73].

$$\frac{P}{Pf} = \frac{M.kf.Yf}{Mf.k.PY} (7)$$

$$R = \frac{kf.Yf.M}{k.P.Y.Mf} (8)$$

Daha önce de belirtildiği gibi döviz kuru iki ulusal paranın nispi fiyatı olup bu iki ulusal paranın nispi arz ve talebi tarafından belirlenmektedir. Dolayısıyla diğer koşullar sabit iken para arzındaki bir artış döviz kurlarını da aynı oranda yükseltecektir (ulusal paranın nispi değeri düşecektir).Yine, yabancı paraya olan talep birden arttığında denge döviz kuru yükselecek ve dış fiyatlar düşecektir[74].

Yukarıdaki 6 numaralı eşitlik yüzde değişmeler açısından ele alınacak olunursa; k sabit terim ve değişme sıfır olduğundan dışarıda

[72] Salvatore, s. 477- 478.
[73] Salvatore, s. 478.
[74] Mc Kinnon, The Exchange Rate, s. 547.

bırakılabilecektir. Denkleme rezervleri gösteren Res ve yurtiçi kredileri gösteren D değişkenlerinin eklenmesiyle eşitlik, değişkenlerdeki yüzde değişmeler olarak şöyle ifade edilebilecektir.

$$\hat{R} + \hat{Pf} + \hat{Y} = \hat{Res} + \hat{D}$$

Analizin amacı döviz kurlarındaki değişmeyi açıklayabilmek olduğundan, R ve D değişkenleri sol tarafa alınıp eşitlik yeniden düzenlenirse 9 no'lu eşitlik elde edilecektir.

$$\hat{Res} - \hat{R} = \hat{Pf} + \hat{Y} - \hat{D} \quad (9)$$

Buna göre rezervlerdeki yüzde değişmeden kurlardaki yüzde değişme çıkarıldığında dış enflasyon oranı ve reel gelirdeki yüzde artış toplamı ile yurtiçi kredilerdeki yüzde değişme arasındaki fark elde edilmektedir. Sabit kur sistemi altında $\hat{R} = 0$ olacak; esnek kur sistemi geçerli ise, $\hat{Res} = 0$ olacaktır. Döviz kurlarına parasal yaklaşım çerçevesinde 9 nolu eşitlik,

$-\hat{R} = \hat{Pf} + \hat{Y} - \hat{D}$ şeklinde yazılabilecektir.

. Denklem basitleştirebilmek açısından denklem -1 ile çarpıldığında; parasal yaklaşım eşitliği $\hat{R} = \hat{D} - \hat{Pf} - \hat{Y}$ şeklini alacak ve dolayısıyla dış fiyatlardaki yüzde değişme, reel gelir düzeyindeki değişme ve para talebi sabitken yurtiçi kredilerdeki artış, döviz kurunu artıracak ve fiyatlar genel düzeyi yükselecektir. Buna bağlı olarak para talebinin de artmasıyla daha yüksek bir para stoğu ile para piyasası dengesi yeniden kurulacaktır[75].

Parasal yaklaşıma göre yurt içinde izlenecek para politikaları rezerv değişmelerinin yurtiçi kredi değişimlerini ortadan kaldırdığı sabit kur sisteminin aksine uluslararası para akımlarına değil, kur değişmelerine yol açacaktır [76]. Ayrıca, dış fiyatlar ve reel gelirin döviz kurlarındaki değişmenin tersi işaretine sahip olması (son denklemde belirtildiği üzere) enflasyon ve gelir artışlarının kurlarda ters yönde etki yapacağı anlamına gelmektedir. Örneğin $\hat{pf}$ ve/ veya $\hat{Y}$ artarsa para talebi artmakta ve yurtiçi krediler sabitken aşırı bir para talebi oluşmaktadır. Böyle bir durumda bireylerde para balanslarını artırmaya çalışacaklarından döviz kurunda bir düşme ve ulusal paranın değer kazanması söz konusu olacaktır.

Parasal Yaklaşıma ilişkin açıklamalara son vermeden önce yaklaşıma tamamen entegre olmuş rasyonel bekleyişler hipotezi kısaca dahil edilerek konu şu şekilde incelenebilecektir. Öncelikle döviz kurunda bir yükselme, reel para arzının azalmasına neden olacak, faiz paritesi koşulları altında daha yüksek faiz oranı ancak daha yüksek depresiasyonoranı ile sağlanabilecektir. Beklenen ve gerçekleşen depresiasyon oranı eşit olduğunda gerçekleşen depresiasyon oranı ne kadar yüksekse beklenen depresiasyon oranı da o ölçüde yüksek olacaktır. Beklenen depresiasyon oranının yüksekliği cari faiz oranlarını yükseltecek; yükselen faiz oranları ise para talebini düşürecektir. Bu durumda yatırımcılar, ulusal paradan kaçıp yabancı paraya yöneleceğinden döviz kurları yükselecektir.

---

[75] Mordechai E. Kreinin, International Economics, A Policy Approach, Fifth Edition., Harcourt Brace Jovanovich Inc., 1987, USA, s. 169.
[76] Kreinin, s. 169.

Örneğin, depresiasyonun hızlanarak devam etmesi durumunda, fiyatlardaki sürekli yükselmeye bağlı olarak reel para arzı sıfıra doğru azalacak, nominal faiz oranları yükselecek ve sonuçta ekonomik birimlerin tamamen yabancı paraya yönelmesi ile birlikte de para ikamesi olarak tanımlanan olgu yaşanacaktır. Sürekli bir apresiasyon ise fiyatlar genel düzeyini aşağı çekerek reel para arzını artıracak, faiz oranı da düzenli olarak düşecektir[77]. Ekonomik birimler ise tahvilden daha yüksek getiri elde edebilecekleri için para tutmayı tercih edeceklerdir. Benzer bir biçimde, ülkede enflasyon oranının diğer bir ülke karşısında daha yüksek olacağı bekleniyorsa ulusal para bir gecikme olmaksızın depresiasyona uğrayacaktır.

Rasyonel bekleyişler hipotezine göre, bekleyişler var olan tüm bilgiler kullanılarak ilgili değişkenin gelecekteki değerine ilişkin piyasa tahminlerini içermektedir. Söz konusu değişimler ise ani bir haber ya da beklenmedik bir şokun bekleyişleri etkilemesi ile ortaya çıkmaktadır. Gerçekten, döviz kurlarındaki sık dalgalanmaların açıklanmasına ilişkin analizlerde haberler ya da ani şokların üzerinde de durulmuş ve yapılan analizler etkin piyasalar varsayımına dayandırılmıştır.

Etkin piyasa, bir sermaye piyasasında menkul kıymet fiyatlarının ulaşılabilir tüm bilgileri yansıtması şeklinde açıklanmaktadır. Nitekim parasalcı iktisatçılar, haberlerin döviz kurlarının oluşumunda diğerlerine göre daha dikkate değer bir faktör olduğunu savunmuşlardır. Buna bağlı olarak, finans piyasalarının duyarlılığının yüksekliği dikkate alındığında oluşacak ani bir şok ya da bir haberin döviz kurlarını anında etkileyerek

[77] Ulaşılan sonuçlar ancak fiyatların her iki yönde esnekliği varsayımı altında geçerli olacak; fiyat katılığı varsayımı altında apresiasyon sonucu fiyatların aşağı doğru katılığı sebebiyle monetarist yaklaşımın aksine reel faiz oranlarının yükselmesine bağlı olarak artan sermaye girişi ile para arzı genişleyecek ve faiz oranı düşebilecektir.

daha önce ifade edildiği gibi satın alma gücü paritesinden sapmaları da bir ölçüde açıklaması mümkün olabilecektir.

Parasal Yaklaşıma ilişkin ampirik analizler esnek kurların uygulandığı dönemde kurların oluşumuna ilişkin yeterli bir açıklama getirememiştir[78]. Yaklaşım döviz kurlarını etkileyen güçlere ilişkin kısmi bir açıklama getirmekte ve tahvil vb. gibi parasal olmayan varlıkları dikkate almamaktadır. Bununla birlikte yaklaşım, döviz kurlarını etkilemede para politikasının önemini ortaya koymaktadır.

Sonuç olarak Parasal Yaklaşımda yerli ve yabancı tahviller arasında tam bir ikame olmasına bağlı olarak yurtiçi faiz oranı ile dış faiz oranının daima eşit olduğu varsayılmıştır. Dolayısıyla dünya faiz oranı dışsal olarak belirlenmektedir. Ulusal ve yabancı tahvil ayrımı kalmamakta ve portföy ayarlanmaları da ulusal ve yabancı tahviller arasında değil tahvil ile para arasında meydana gelmektedir. Yine yaklaşımda nispi getiri farkı gibi bir durum söz konusu olmayacağından dolayı da sermaye akımları bu yolla tam olarak açıklanamamaktadır.

Öte yandan mikro ekonomik bir temele dayalı olan modelin, gelir dalgalanmaları ya da tasarruf ve yatırım eğilimindeki değişimlerin sermaye hareketleri üzerine etkileri gibi makro ekonomik problemlerin açıklanmasında kullanılması ile; faiz oranının bir para politikası aracı olarak kullanılarak sermaye hareketlerinin likidite üzerindeki etkilerinin zımnen de olsa tam sterilize edildiğinin kabul edilmesi yönünden eleştiri konusu olmaktadır[79].

---

[78] Philip King, International Economics and International Economic Policy, Irwin Mc Graw-Hill, 2000, s. 248.

[79] Pentti J. K. Kouri, Michael G. Porter, International Capital Flows and Portfolio Equilibrium, The Journal of Political Economy, Vol. 82, No.3, (May-Jun 1974), (International Capital) s.448.

Şekil 1.7. Parasal Yaklaşımda Finansal Varlıkların Arz ve Talebi

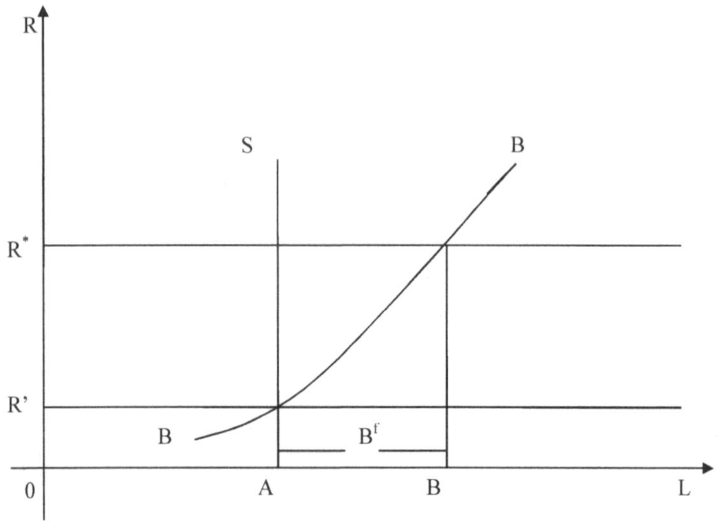

Kaynak: Kouri ve Porter, 1974, s. 446.

Parasal yaklaşımda, finansal varlıkların arz ve talebi şekil yardımıyla da şu şekilde ifade edilebilecektir. Buna göre, dikey eksen faiz oranını, yatay eksen ise tahvil arz ve talebini ifade etmektedir. Tahvil talebi faiz oranının artan bir fonksiyonu olarak kabul edilmiş ve BB şedülü ile gösterilmiştir. R^* simgesi ise bütün piyasalarda geçerli dünya faiz oranını ifade etmektedir. Tam bir sermaye mobilitesinin geçerli olduğu koşullarda yurt içi tahvil talebi 0B; yurtiçi net tahvil arzı ise 0A kadar olup SA doğrusuyla ifade edilmektedir. AB kadarlık, toplam talep ile yurtiçi arz arasındaki farka eşit bir net yabancı tahvil stoku bulunmaktadır. Buna göre sermaye akımları şu üç unsurdan kaynaklanabilecektir[80];

-BB şedülünde meydana gelece kaymalar,

---

[80] Kouri ve Porter, International Capital, s. 448.

-Açık piyasa işlemleri gibi operasyonlarla net yurtiçi arzda meydana gelecek değişmeler,

-Dünya faiz oranı (R^*) da meydana gelecek değişmeler.

Dünya faiz oranının düşerek R' olması, tahvil talebini de azaltacak ve tahvil arz ve talebi eşitlenecektir. Tahvil arzının artırılması SA doğrusunu sağa doğru kaydırarak eşitlenmeyi sağlarken; BB şedülünün sola doğru kayması da arz ve talebin eşitlenmesini sağlayabilecektir.

1.4.3.2. Döviz Kurlarının Oluşumuna Portföy Dengesi Yaklaşımı

Bir diğer varlık yaklaşımı olarak portföy dengesi yaklaşımı, parasal yaklaşımı diğer finansal varlıkları da içerecek şekilde geliştirmiştir. Teoriye göre gerek bireyler gerekse de firmalardan oluşan finans piyasası katılımcıları, ulusal para ve tahviller ile yabancı para cinsi tahvillerden oluşan portföylerinde değişen koşullara göre ayarlamalar yapacaklar ve kabul edilebilir bir risk düzeyinde sahip olunan portföyden beklenen getiri oranını en yüksek düzeye çıkartmayı amaçlayacaklardır[81].

Her ülkede finansal varlıkların toplam arz ve talebinin eşitlenmesini sağlayan işlemler döviz kurunu da belirlemektedir. Diğer bir deyişle, birimler portföylerini oluştururken sahip oldukları servetin yanı sıra yurtiçi ve yurtdışı faiz oranları, gelecekteki beklenen enflasyon gibi faktörlere bağlı olarak portföy ayarlamaları yapmakta ve ulaşılan yeni denge, döviz kurlarını da etkilemektedir. Bununla birlikte döviz kurlarının oluşumunda tek bir portföy dengesi bulunmayıp özellikle 1970'li yılların ortalarından

---

[81] Halil Seyidoğlu, Uluslararası Finans, Güzem Yayınları, İstanbul 2001, (Uluslararası Finans), s. 143.

itibaren çok sayıda model ortaya çıkmış ve hepsi de şu bazı temel noktalara vurgu yapmıştır[82].

a- Ülkelerin finansal piyasaları tamamen entegre olmuştur. Böylece bireyler gerek yerli varlıklar gerekse de yabancı varlıklardan oluşan çeşitli finansal varlıkları tutabilirler.

b- Varlık sahipleri portföylerinden elde edecekleri geliri maksimize etme amacı ile sürekli bir varlıktan başka tip bir varlığa geçmek için hazırdırlar ve farklı varlıkların beklenen getirilerinde bir değişme olduğunda portföylerde buna uygun ayarlamalar hemen gerçekleştirilir. Bu ayarlanmalar sabit kur sistemi geçerli ise ödemeler bilançosu üzerinde; esnek kur sistemi geçerli ise döviz kurları üzerinde etkiye sahiptir.

c- Serbestçe dalgalanan döviz kurları da dahil olmak üzere, gelecekteki varlık fiyatlarına ilişkin yatırımcıların bekleyişleri dikkate alınmaktadır.

Varlık yaklaşımı parasal yaklaşımda olduğu gibi para talebini etkileyen faktörlerin yanı sıra diğer finansal varlıkların talebini etkileyen faktörleri de dikkate almaktadır. Yaklaşımın genel çerçevesi içerisinde iki ülke, iki para ve iki finansal varlık (genelde tahvil) olduğu varsayılmaktadır. Gerek yerli gerekse yabancı tahvillerin bir faiz getirisi bulunmaktadır (i_d ve i_f). Yurt içi yerleşiklerin ulusal para, ulusal tahvil ve yabancı tahvil tutabildikleri; ancak literatürde, analizi basitleştirmek

[82] Appleyard, Field, s. 606.

açısından çoğunlukla ülke yerleşiklerinin yabancı para tutmadıkları varsayılmıştır[83].

Portföy Dengesi modelinde temel olarak para ile yerli ve yabancı tahvillerin talebi iç ve dış faiz oranlarına bağlı bulunmaktadır. Ancak modele faiz oranlarına ek olarak spot kurda beklenen değişmenin, yabancı tahvil satın alan yurt içi yerleşiklerin üstlendikleri bu ilave risk sebebiyle talep ettikleri risk priminin, yurtiçi yerleşiklerin zenginliğinin, reel gelir ile yurtiçi fiyatlar genel düzeyinin de talebi belirleyici bir değişken olarak eklenmesi söz konusu olmaktadır[84]. Faiz paritesi denklemine göre, ana ülke lehine olan pozitif faiz farklılığı yabancı paranın yıllık beklenen apresiasyon oranına eşit olmaktadır.

$$id - if = E(R)$$

Denklemde $E(R)$ döviz kurunda beklenen yüzde değişmeyi ifade etmektedir. R, her bir ünite yabancı para karşılığı ulusal para ünitesini ifade ettiğinden; $E(R)$ 'nin pozitif olması, ulusal paranın beklenen depresiasyonunu; negatif olması ise beklenen apresiasyonunu göstermektedir. Bu nedenle tam sermaye mobilitesi altında denge durumunda yurtiçi faiz oranı; dış faiz oranı ile ulusal paranın nispi değerindeki beklenen değişmenin toplamına eşittir. Eğer, $id < if + E(R)$ ise yabancı tahvilleri satın almak için ulusal tahviller satılacaktır. Bu işlemler ise ulusal tahvillerin fiyatını düşürüp faiz getirilerini yükseltecektir. Yabancı tahvilin fiyatı ise yükselip getirisi düşecektir.

Portföy dengesi yaklaşımı, kısa vadeli sermaye akımlarının akım bileşeni yerine döviz kurlarının kısa dönemdeki seyrinde finansal

[83] Mc Kinnon, The Exchange Rate, s. 547.
[84] Salvatore, s. 485.

varlıkların stok ayarlanmalarını esas almakta ve yaklaşımda bireylerin yerli ya da yabancı varlıklara olan talebi her iki varlığın beklenen getirileri (karlılıkları) arasındaki fark tarafından belirlenmektedir[85]. Ancak, yukarıda ifade edildiği gibi iki tip tahvil tutmanın eşit riski olduğu varsayımı yerine; risk farklılığının dikkate alınması sözkonusu olup, diğer bir ifadeyle, yabancı tahvil tutmanın ilgili hükümetin kambiyo kontrolleri uygulaması, döviz kurunda beklenmeyen bir değişmenin olması veya tahvil faiz ödemelerine sınırlamalar getirilmesi durumunda yabancı tahvil tutmayı cazip hale getirebilmek için yukarıdaki denkleme bir de "r" ile gösterilen bir risk primi eklenmektedir. Buna bağlı olarak yeni denklem ise şöyle ifade edilebilecektir[86];

$$id = if + E(R) + r$$

Temel olarak finansal varlık talebi, beklenen getiri oranı, risk ve likidite yapısı, harcama düzeyleri ile ilgili ülkelerin yerleşiklerinin başlangıçta söz konusu finansal varlıklardan ne miktarda elde tuttukları gibi unsurlara bağlı bulunmaktadır[87]. Bu unsurlar biraz daha genişletip bir fonksiyon haline dönüştürüldüğünde ana ülkedeki bireylerin ulusal para ile ulusal tahvil ve yabancı tahvil için talep fonksiyonları şu şekilde olmaktadır.

$$Md = f(\overset{-}{id}, \overset{-}{if}, \overset{-}{E(R)}, \overset{+}{r}, \overset{+}{Yd}, \overset{+}{Pd}, \overset{+}{Wd})$$ Denklemde;

Yd ; ana ülke reel geliri,

85, Robert J. Carbaugh, (Fourth Edition), s. 328.
86 Salvatore, s. 486.
87 J.K. Kouri Pentti, Jorge Braga De Macedo, Walter S. Salant, Marina v. N. Whitman, Exchange Rates and International Adjustment Process, Brooking Papers on Economic Activity, Vol. 1978, No. 1, s. 113.

Pd , ana ülke fiyat düzeyini,

Wd ise; ana ülkenin reel zenginliğini ifade etmekte; işaretler, ulusal para talebi ile bağımsız değişken arasındaki ilişkinin yönünü göstermektedir.

Yurtiçi faiz oranı ve beklenen döviz kuru değişimi ile para talebi arasındaki ilişki zıt yönlüdür. Dış faiz oranlarındaki bir yükselme ise yine yurtiçi yerleşiklerin ulusal para talebini azaltıp, yabancı tahvillere yönelmeyi teşvik edecek ve dış faiz oranları ile para talebi arasında da negatif yönlü bir ilişki ortaya çıkacaktır. Dış faiz oranı ile kurdaki beklenen değişme (if ve $E(R)$) fonksiyon içinde aynı yönde hareket etmekte, döviz kurundaki beklenen bir yükselme, yabancı para cinsinden tahvil tutmanın beklenen getirisinin arttığını ifade etmektedir.

Ülkenin reel zenginliği ile yurtiçi fiyatlar ya da gelirdeki artış para talebini artırmaktadır. Öte yandan, ülke yerleşiklerinin sahip oldukları yabancı tahvillere ilişkin risk primi ile para talebi arasında aynı yönlü bir etkileşim söz konusu olmaktadır. Yurt içi yerleşiklerin ulusal tahvil ya da menkul kıymet talebi " Bd " ise aynı bağımsız değişkenlerin bir fonksiyonu olarak ele alınabilecektir[88].

$$Bd = f(\overset{+}{id}, \overset{-}{if}, \overset{-}{E(R)}, \overset{+}{r}, \overset{-}{Yd}, \overset{-}{Pd}, \overset{+}{Wd})$$

Yurtiçi faizlerdeki bir yükselme ulusal tahvilleri, yüksek getirisi dolayısıyla cazip hale getirirken, yabancı tahvil faiz oranlarındaki yükselme ulusal tahvilleri daha az cazip hale getirecek; yabancı paranın değerinde artış beklentisi de ulusal tahvil talebini azaltıcı etkiye sahip olacaktır.

[88] Appleyard ve Field, s. 608.

Yabancı tahvillerin risk primindeki artış ülke yerleşiklerini daha fazla ulusal tahvil tutmaya teşvik edeceğinden dolayı risk primi değişkeni, ulusal tahvil talebi ile aynı yönde hareket edecektir. Ulusal zenginlik artışı para balanslarına talebi artırdığı gibi yerli ve yabancı tahvil talebini de artıracağından daha önceki para talebi fonksiyonundaki gibi işaret alırken; fiyat ve gelir değişkenlerinin işareti farklı olacaktır[89].

Diğer şartlar sabitken (ceteris paribus) gelir artışı, işlem amaçlı para talebini artıracaktır. Eğer toplam zenginliğin "ceteris paribus" varsayımı nedeniyle hiç değişmediği kabul edilirse, yatırımcılar artan para taleplerini karşılamak için ellerinde tuttukları ulusal tahvillerin bazılarını elden çıkarmak zorunda kalacaklardır. Benzer nedenler yurtiçi fiyat düzeyi değişkenini de negatif işaretli yapmaktadır. Yabancı tahvillerdeki risk primi artışı ise ana ülke yerleşiklerini daha fazla ulusal para cinsi tahvil tutmaya yönlendirecektir.

Yabancı tahvil için talep fonksiyonu;

$Bf = f(\overset{-}{id}, \overset{+}{if}, \overset{+}{E(R)}, r, \overset{-}{Yd}, \overset{-}{Pd}, \overset{+}{Wd})$ şeklinde yazılabilecektir[90].

Bu fonksiyonda da yurtiçi gelir, fiyatlar ve servetteki değişimler yukarıdaki denklemle benzer şekilde açıklanabilecektir. Dolayısıyla da fiyat ve gelirdeki artış, ülke yerleşiklerinin para balansları talebini artırıp, yerli ve yabancı tahvil talebini azaltacaktır. Yabancı tahvillerin faiz oranındaki artışa bağlı olarak talebinin ve yabancı paranın değerinin artışı servet artışını da beraberinde getirecektir. Yurtiçi faizlerdeki bir yükselme yatırımcıları yabancı tahvil yerine ulusal tahvilleri almaya yönlendirecektir. Yabancı tahvillerin risk priminde bir artış bu tahvillere talebi azaltacak; dış

---

[89] Salvatore, s. 487.
[90] Salvatore, s. 486.

faizler ve/veya döviz kurunda beklenen bir yükselme yerli yerine yabancı tahvilleri almaya yöneltecektir. Varlık arz ve talepleri her iki ülkede denge faiz oranları ile her bir tahvilin denge fiyatının belirlenmesini sağlayacak ve birbirine eşit olacaktır[91].

Yatırımcılar dengeye ulaştıktan sonra dışsal bir takım faktörlere bağlı olarak portföylerinde gerekli gördükleri düzenlemeleri yapacaklar ve dolayısıyla bir önceki denge portföyü sürekli bir dengeyi ifade etmeyecektir. Yatırımcılar arzu ettikleri portföyü oluşturabilmek için değişik varlıkları eş anlı olarak alıp satacaklardır.

Örneğin ana ülkede para otoritesinin hükümet tahvillerinin açık piyasa işlemleri yoluyla satışı şeklinde otonom bir politika izlemesi durumunda, ana ülke tahvillerinin arzı artıp fiyatı düşecek, ulusal para arzı daralacak ve ulusal tahvillerin faizi yükselecektir. Bu durumda yurtiçi yatırımcılar ulusal para talebini azaltacaklar, yerlilerin yanı sıra yabancı yatırımcılarında yabancı tahvillere talebi düşecek, yüksek getiriden dolayı yurt içi tahvillerin talebi artacak ve böylece gerek ulusal para ve yabancı para gerekse de yerli ve yabancı tahvil piyasalarında ayarlanma gerçekleşmiş olacaktır. Bu ayarlanma bütün yatırımcılar yeni bir portföy dengesine ulaşıncaya kadar devam edecektir. Yurtiçi faiz oranındaki yükselme dış faiz oranlarını da yükseltecektir. Çünkü bunların talebindeki düşme fiyatı da aşağı doğru çekecektir.

Sermaye çıkışı karşısında yabancı ülke para otoriteleri, ana ülkenin kısıtlayıcı parasal politikalarına karşılık olarak kendileri de daraltıcı para politikası uygulayabilecekler ve sonuçta para politikalarında bağımsızlık ortadan kalkabilecektir.

---

[91] Salvatore, s. 486- 487.

$id = if + E(R)$ denklemine tekrar dönecek olursak; iç faiz oranındaki bir yükselme karşısında döviz kuru E(R) değişmiyorsa dış faiz oranının yükselmesi gerekecektir. Faiz artışı sonucu ana ülkeye sermaye girişi bu ülkenin parasını değerlendireceğinden dolayı, eğer yabancılar bu değerlenmenin gelecekte de süreceğine inanıyorlarsa döviz kuru düşerek E(R) negatif olabilecektir. Bu durumda dış faizlerde daha büyük oranda yükselme gerekebilecektir. Fakat ulusal faiz oranındaki yükselme ve ulusal paranın apresiasyonu (değer artışı) gelecekte yabancı paranın apresiasyonu (döviz kurunda yükselme) beklentisine ve dolayısıyla yabancı tahvillerin risk priminde bir azalışa da (yabancı tahvil talebi artışına) yol açabilecektir.

Bir diğer alternatif durum ise ana ülke yerleşiklerinin gelecekte enflasyon oranının daha yüksek olabileceğini beklemeleridir. Böyle bir durumda esnek kurlar ve Satın Alma Gücü Paritesi'nin geçerli olduğu varsayımı altında, ulusal paranın depresiasyonu beklenebilecek ve döviz kuru yükselecektir. Bu durumda, $id = if + E(R)$ denkleminin işareti negatif olacağından reel para balansları ile ulusal tahvil talebi azalacak, yatırımcılar daha fazla yabancı tahvil talep edecektir. Dolayısıyla para arzının artırılacağı beklentisi ve buna bağlı olarak dışarı sermaye kaçışı ulusal paranın değer kaybına neden olacaktır[92].

Ayarlanma sürecinde, yabancı tahvillerin fiyatı yükselip ulusal tahvillerin fiyatı düşeceğinden, döviz kurunda başlangıçtaki yükseliş, $id = if + E(R)$ denkleminin sağ tarafını daha büyük hale getirecektir. Ancak sonraki portföy ayarlanmaları ulusal paranın beklenen depresiasyonu nedeniyle yurtiçi faizler üzerinde yukarı doğru etki doğuracaktır.

---

[92] Dornbusch ve Fischer, Exchange Rates, s. 968- 969.

Ana ülkede reel gelir artışı gerçekleştiğinde ise, yatırımcılar işlem amaçlı para talebindeki artış nedeniyle parasal yaklaşımda olduğu gibi daha fazla ulusal para tutmak isteyeceklerdir. Ancak, portföy dengesi yaklaşımında, gelir artışı ile birlikte bireyler hem ulusal tahvilleri hem de yabancı tahvilleri satarak para balanslarını artırmaya çalışacaklardır. Yabancı tahvillerin satışı ulusal paranın değerlenmesine yol açacaktır.

Konuyla ilgili bir önemli nokta da, ödemeler bilançosu fazlalığı (sabit kur sistemi altında) ya da ulusal paranın değerlenmesinin geçici bir durum olduğunun varsayılmasıdır. Çünkü bu durum yeni portföy dengesine ulaşılıncaya kadarki ayarlanma sürecinin bir sonucudur. Dolayısıyla varlık stok dengesi sağlandığında ulusal paranın depresiasyonu ya da apresiasyonu söz konusu olmayacaktır. Ancak, ayarlanma sürecinin yavaşlığı ya da sürekli devam eden dışsal değişmeler dengesizliğin kalıcı olmasına neden olabilecektir.

1.4.3.3. Döviz Kurlarının Oluşumuna Kur Dinamikleri Yaklaşımı (Kurlarda Hedefi Aşma)

Döviz Kurlarında "Hedefi Aşma" olgusu, esnek bir kur sistemi çerçevesinde döviz kurlarının bir denge noktasından diğerine gitmesi ve diğer bir deyişle, yeni denge noktasını aştıktan sonra tekrar ona geri dönmesidir. Döviz kurları kısa dönemde uzun dönem denge değerinin altına düşmekte ya da üzerine çıkarak dalgalanmalar göstermektedir. Dornbusch tarafından geliştirilmiş olan modelde, varlık piyasaları, sermaye mobilitesi ve rasyonel bekleyişler dikkate alınarak döviz kurlarındaki büyük oranlı dalgalanmalar açıklanmaya çalışılmıştır. Model varlık piyasalarında dengelenme hızının yüksek olmasına dayanmaktadır[93].

Dornbusch, modelde ilgili ana ülkenin küçük bir ülke olduğunu, dolayısıyla dünya sermaye piyasasında oluşan faizi kabul etmek zorunda olduğunu varsaymıştır. Modelde, sermaye mobilitesi beklenen net kazançların eşitlenmesini garanti edeceğinden; yurtiçi faiz oranından ulusal paranın beklenen depresiasyonu çıkarıldığında sonuç dünya faiz oranına eşit olacaktır.

Mal piyasasında ithal mallarında dünya fiyatları veri kabul edilecektir. Varlık piyasasında ayarlanma mal piyasasına nazaran son derece hızlı bir biçimde gerçekleşmektedir. Döviz kurlarında beklenen değişmeyi karşılayacak bir primin söz konusu olduğu ve ulusal ve yabancı para cinsinden varlıkların birbirini tam ikame ettiği kabul edilmektedir.

Hedefi aşma olgusu, ekonomideki dengelenme süreci ile birlikte şekil 1.8. yardımıyla şöyle açıklanabilecektir[94]. Şekilde dikey eksen fiyat düzeyini yatay eksen ise döviz kurunu göstermektedir. QQ varlık piyasası şedülünü; orijinden çıkan OL doğrusu ise mal piyasası şedülünü ifade etmektedir. Pozitif eğilimli P= 0 şedülü ise mal ve varlık piyasalarının birlikte dengede olduğu fiyat düzeyi ve döviz kuru bileşimlerini göstermektedir. Şedülün sol üzerindeki noktalar aşırı mal arzını ifade ettiğinden buralarda fiyatlar düşmektedir. Sağ altında kalan noktalar ise aşırı talebe karşılık gelmektedir.

---

[93] Seyidoğlu, Uluslararası Finans, s. 145- 146.

[94] Rudiger Dornbusch, Expectations and Exchange Rate Dynamics, The Journal of Political Economy, Vol. 84, No. 6, 1976, s.1167.

Şekil 1.8. Döviz Kurlarında Hedefi Aşma

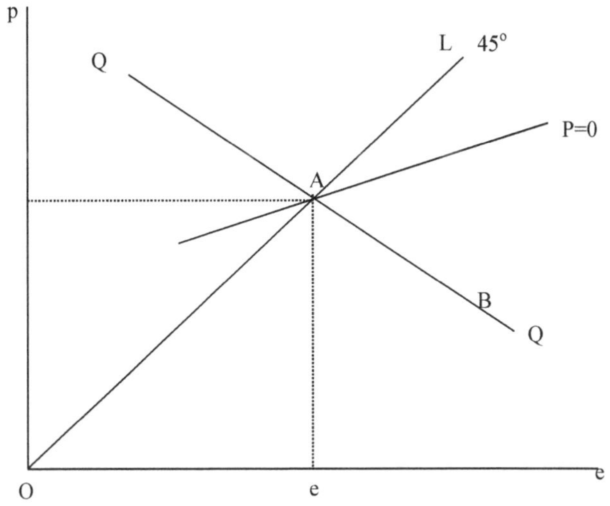

Kaynak: Dornbusch, 1976, s. 1167.

P=0 şedülü pozitif eğimli ve 45 derecelik doğrudan daha düz bir görünüm almakta; bu durum, döviz kurlarındaki bir artışın ulusal malların nispi fiyatını düşürerek bu mallar için aşırı bir talep meydana getirmesinden ve dengenin yeniden sağlanması için yurtiçi fiyatların yükselmesi gereğinden kaynaklanmaktadır. Çünkü yurtiçi fiyatlardaki bir yükselme toplam talebi nispi fiyat etkisi yoluyla etkilediği gibi; reel para arzının daralması suretiyle daha yüksek faiz oranları yoluyla da etkilemektedir[95].

Modele göre, herhangi bir veri fiyat düzeyinde döviz kurları varlık piyasasında dengeyi sağlayacak şekilde hemen ayarlanırken ve sürekli olarak QQ şedülü üzerinde bulunulurken mal piyasasında denge ancak

---

[95] Richard E. Caves, Jeffrey A. Frankel, Ronald W. Jones, World Trade and Payments: An Introduction, Eigth Edition, Addison Wesley Longman Inc., 1999, s. 559.

uzun dönemde sağlanabilecektir. Ancak mal piyasasındaki koşullar fiyatlardaki yükseliş ve düşüşleri teşvik suretiyle ekonominin uzun dönem dengesine yönelmesinde hayati bir öneme sahip olmaktadır. Çünkü; B gibi bir noktada kurlar denge değerinin üzerinde olmakta, diğer bir ifadeyle ulusal paranın depresiasyonu söz konusu olmaktadır. Bu durum ulusal mallara gerek dış talebi ve gerekse de düşen nispi fiyatı sebebiyle iç talebi artırmakta; faiz oranları ise düşmektedir.

Süreç ilerledikçe artan mal talebine bağlı olarak fiyatlar yükselmeye başlayacak; bu durum işlem amaçlı para talebini artıracaktır. Faiz oranları yükselmeye başlayarak ulusal para değer kazanacak; azalan reel para balansları sonucu faiz oranlarındaki yükselmeye bağlı olarak spot kur uzun dönem denge değerine yaklaşacaktır. Modelde parasal bir genişleme ve daralmanın etkileri ise Şekil 1.9. yardımıyla şu şekilde açıklanmıştır[96].

Ekonomi başlangıçta A noktasında dengededir. Denge fiyat düzeyi, p_1, ve denge kuru da e_1'dir. Nominal para miktarında meydana gelecek bir artış, mal ve varlık piyasalarında başlangıçtaki döviz kuru ve fiyat düzeyinde sağlanmış olan dengeyi bozacak ve para arzındaki artış karşısında varlık piyasası dengesinin sürdürülebilmesi için fiyatların yükselmesi ya da ulusal paranın değer kaybetmesi gerekecektir. Ancak fiyat katılıkları sebebiyle mal piyasasında ayarlanma yavaş olacak, aksine varlık piyasasındaki ayarlanma hızla gerçekleşecek ve dolayısıyla para arzındaki artış varlık talebini artırarak QQ şedülünü sağa doğru kaydırarak şedül Q'Q' halini alacaktır. Gelinen nokta B noktasıdır. Çünkü varlık piyasası denge formülünden hareket edildiğinde $[id = if + E(R)]$, B

[96] Mark P. Taylor, The Economics of Exchange Rates, Journal of Economic Literature, Vol.33, No. 1, 1995, s. 24.

noktasında döviz kurundaki beklenen değişmenin negatif olması gerekecek ve dünya faiz oranı sabitken yurt içi faiz oranı düşmüş olacaktır.

Bu noktada ulusal paranın depresiasyonu ve kurların e_1'den e_2'ye çıkması söz konusudur. Depresiasyonun sebebi ise artan varlık talebinin faiz oranlarını düşürerek varlık sahiplerinin, portföylerindeki ulusal varlıkların yerine daha yüksek faiz getirisi elde edebilmek için yabancı menkul kıymetlere yönelmeleridir. Ayrıca para arzındaki artış sebebiyle uzun dönemde paranın değer kaybedeceği şeklinde oluşan beklentiler de ulusal paranın değer kaybını destekleyecektir.

Şekil 1.9. Parasal Genişleme ve Daralmanın Etkileri

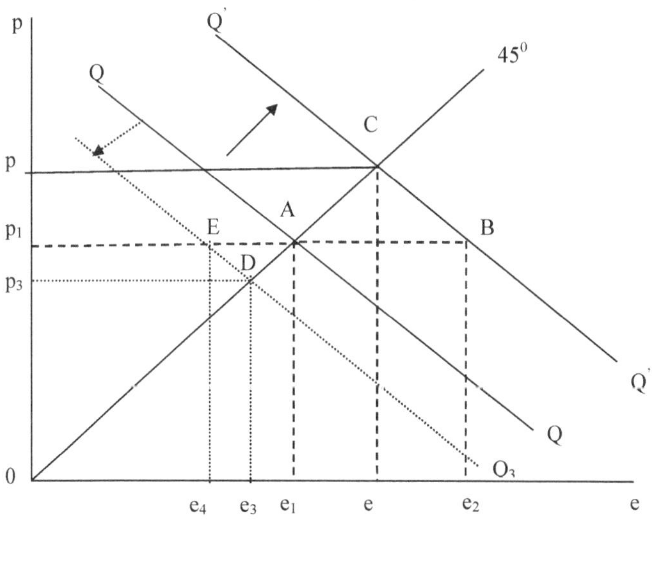

Kaynak: Taylor, 1995, s.24.

Dolayısıyla varlık piyasasında oluşan hızlı ayarlanma sonucu kurlar uzun dönemdeki depresiasyon oranını aşmış olacaktır. Parasal bir daralma durumunda ise, başlangıçta fiyat düzeyi değişmezken döviz kuru e_4'e inecek; nihai dengeye ulaşıldığında ise Satın Alma Gücü Paritesinin geçerliliği ve paranın yansızlığı sebebiyle fiyat düzeyi p_3'e inmiş olacaktır. Dengenin sağlanmış olacağı D noktasında döviz kuru e_3'e inmiş ve ulusal para e_1- e_3 kadar değer kazanmış olacaktır.

Para talebindeki değişmelere faizlerin daha duyarlı olması kurlardaki hedefi aşmanın şiddetini azaltabilecektir. Çünkü reel para arzındaki bir genişleme faiz oranlarında daha küçük bir düşüşe yol açacaktır. Fiyat elastikiyetlerinin yüksekliği de parasal genişlemenin kurlar üzerindeki etkisini azaltacaktır. Modelde parasal bir genişlemenin kısa dönemli etkisi tamamen varlık piyasalarının kontrolünde olup; sermaye hareketleri ve bekleyişler tarafından belirlenmektedir. Bundan sonra ise, nihai denge olan C noktasına ulaşılıncaya kadar $Q'Q'$ şedülü boyunca yukarı doğru hareket edilecektir. $Q'Q'$ şedülü üzerinde hareket edilmesinin nedeni ise varlık piyasasının sürekli olarak dengede olmasıdır.

Öte yandan, depresiasyonun yol açtığı dış ticaret hadlerindeki ülke aleyhine değişim, yurtiçi mallara toplam talebi artırarak parasal dengelenme için gerekli gelir artışını sağlayacak ve sonuçta fiyatlar üzerinde enflasyonist baskı başlayacaktır. Artan fiyatlar reel para balanslarını azaltacağından para talebi artacak ve faizler yükselerek ulusal para değer kazanacaktır. Sonuçta, fiyatlardaki yükselmeyle ulusal paranın değerlenmesi birlikte gerçekleşecektir. Ayrıca, parasal genişleme kısa dönemde çıktı düzeyini artırarak enflasyonu teşvik edecektir. Ancak, uzun dönemde parasal genişleme fiyatlardaki artışlar tarafından tamamen karşılanana ve hasıla tam istihdam seviyesine ulaşana kadar, reel para balansları başlangıç seviyesine doğru azalacaktır.

Örneğin bir parasal genişleme halinde, kısa dönemde hasıla artıp, ulusal paranın değer kaybı (kur artışı) parasal genişlemenin gerisinde kalacaktır. Çünkü kısa dönemde parasal genişlemenin yol açtığı gelir artışı para talebini artırıp faizleri yükseltecektir. Eğer hasıla artışı faizleri yükseltecek kadar güçlüyse döviz kuru düşecektir. Uzun dönemde faiz oranı ve döviz kurlarının yönünü gelir ve fiyat elastikiyetleri belirleyecektir.

1920'li yıllarda Almanya'da yaşanan hiperenflasyon ve 1970'li yıllarda petrol krizi sonrasında ortaya çıkan enflasyonist döneme ilişkin yapılan analizlerde parasal yaklaşımı destekleyen sonuçlar elde edilmiştir[97]. Sonraki dönemde yapılan analizlerde ya kısmen destekleyen ya da yaklaşımı tamamen reddeden sonuçlar elde edilmiştir. Portföy dengesi modelinin test edilmesi için yapılan analizlerde de benzer şekilde modeli destekleyen sonuçlar en azından kısa dönem için elde edilememiştir. Döviz Kuru dinamikleri yaklaşımı ise, üretim ve servet artışının mümkün olmayacağı kadar kısa dönemli olması, zımni olarak faiz oranındaki değişmelerin stok ayarlanmalar yerine sürekli sermaye akımlarına yol açması, yerleşiklerin, döviz kurları değişse ya da enflasyon sebebiyle ulusal para değer kaybetse bile ellerinde sadece ulusal para tutmayı tercih edeceklerinin varsayılması gibi yönlerden eleştirilmiştir[98].

Varlık modeli yaklaşımlarının temel zayıflığı ise, döviz kurlarının önceden tahmin edilemeyen yeni haber ve bilgilerden etkilenmesinden ve

[97] Frenkel, Monetary Approach s. 201- 224.
[98] Winters, s. 333.

piyasa katılımcılarının bekleyişlerinden kaynaklanan spekülatif balonların kurları olması gerekenin tam tersi yönde etkileyebilmesinden kaynaklanmaktadır[99].

Finansal serbestleştirmenin gittikçe önem kazandığı bir ortamda ve döviz kurlarının enflasyon, büyüme, ödemeler dengesi gibi temel makro ekonomik değişkenler üzerindeki etkileri dikkate alındığında, bir ekonomi politikası aracı olarak kurların oluşumuna ilişkin gerek geleneksel teorik yaklaşımların; gerekse de varlık modeli yaklaşımlarının açıklama gücünün yetersiz kalması; ikinci bölümde ele alınacağı gibi, döviz kurlarının oluşumunda ülkelerin ekonomik yapıları, iç ve dış denge amaçları ile uyumlu döviz kuru sistem ve politikalarının seçiminin önemini artırmaktadır.

[99] Salvatore, s. 493- 495.

İkinci Bölüm

İç Ve Dış Denge Açısından Farklı Döviz Kuru Sistemlerinin Değerlendirilmesi

Özellikle finansal serbestleşmenin artmasıyla birlikte stratejik açıdan döviz kurlarının belirlenmesi ve dolayısıyla döviz kuru politikalarının oluşturulması önem kazanmaktadır. Ulusal merkez bankaları ve para otoriteleri yabancı para alım ve satımı ile döviz piyasalarına müdahalede bulunmakta ve ulusal paranın diğer paralar karşısında piyasa mekanizması sonucunda oluşan ya da oluşabilecek değerini benimsenen ekonomi politikası amaçları doğrultusunda etkilemekte ve kurları yönlendirmektedirler.

Uygulanacak döviz kuru sisteminin enflasyon ya da makro ekonomik istikrarsızlıklara yol açmaması, kurları sürdürülebilir bir düzeyde tutarak uluslararası dengelenmeye katkıda bulunması ve uluslararası ticaret ve yatırımları caydırmaması sistemin başarısı açısından bir gösterge olarak kabul edilebilmektedir. Döviz kurlarının cari işlemler üzerindeki gücü yerli ve yabancı mallar arasındaki nispi fiyat ilişkisini değiştirebilmesinden kaynaklanmaktadır. Ancak sermaye mobilitesindeki artışa bağlı olarak kurlarda meydana gelecek bir değişme sadece cari işlemleri değil sermaye hesabını da etkileyebilecektir.

Bretton Woods sisteminin çöküşünden sonra gerek sabit, gerekse de esnek kur sisteminin avantajlarını bir araya getirip, dezavantajlarından kaçınma düşüncesi çok sayıda ara kur sistemini gündeme getirmiştir. Sabit ve esnek kur sistemi şeklindeki klasik kopukluğun ortadan kalktığı bu dönemde gerek gelişmiş ve gerekse de gelişmekte olan ülkeler açısından en uygun döviz kuru sisteminin seçimi hem yurtiçi hem de uluslararası makro ekonomik politikaların idaresinde eskiye nazaran daha önemli bir sorun haline gelmiştir[1].

Ülkeler açısından ideal döviz kuru sisteminin seçimine ilişkin teorik katkılar başlangıçta "Optimum Para Alanları" teorisi çerçevesinde olurken; ülkelerin maruz kaldığı ekonomik şokların niteliğinin olası döviz kuru rejiminin başlıca belirleyicisi olabileceğini savunan yaklaşımlar da ortaya konulmuştur. Ancak son dönemde yaşanan finansal krizler ile ulusal paralara yönelik spekülatif saldırılar sonucu kur çapasına dayalı sabit ya da karma kur sistemlerinin sürdürülememesi; yeni bazı teorik argümanların ileri sürülmesini beraberinde getirmiştir. Örneğin bazı yazarlar mevcut koşullarda ancak uç döviz kuru sistemlerinin var olabileceğine dair "İki Kutup" (Hollowing Out) hipotezini ileri sürmüşlerdir[2]. Kimi yazarlar ise yabancı para cinsinden dış borçların yüksekliği durumunda dalgalanan kurların makro dengeler açısından olumsuz etkileri üzerinde durarak "Dalgalanma Korkusu" (Fear of Floating) olgusu ile konuyu açıklamaya çalışmışlardır.[3].

---

[1] Robert H. Heller, Determinants of Exchange Rate Practises, Journal of Money, Credit and Banking, Vol. 10, No.3, 1978, s. 308.
[2] Stanley Fischer, Distinguished Lecture on Economics in Government: Exchange Rate Regimes: Is the Bipolar View Correct, Journal of Economic Perspectives, Vol. 15, No. 2, 2001, s. 3.
[3] Barry Eichengreen, Ricardo Hausmann, Exchange Rates and Financial Fragility, NBER Working Paper, No. 7418, 1999, (Financial Fragility), s. 14.

2.1. Sabit Kur Sistemi

Sabit kur sistemine dayalı bir kur politikasında otoritelerin sabit kurları sürdürme konusundaki yükümlülüklerine bağlı olarak döviz alım ve satımı şeklinde piyasaya yönelik müdahaleleri söz konusu olmaktadır. Bu sistemde otoriteler, gerek ödemeler dengesi, gerekse istihdam ve büyüme gibi temel iç denge amaçlarını bir arada gerçekleştirebilmek açısından önemli bir politika aracından mahrum kalmaktadırlar. Ancak, böyle bir durumda fiyatlar ve ücretler tamamen elastik ise fiyat ve gelir değişmeleri yoluyla iç ve dış maliyetler arasında farklılık meydana getirerek dış denge sürdürülebilecektir. Buna karşılık, söz konusu elastikiyetler bulunmuyorsa gerek iç, gerekse dış dengenin sağlanmasında yoğun para ve maliye politikası bileşimleri uygulanacak, cari işlemlerin yanı sıra sermaye hareketleri de dengelenmede önemli bir rol üstlenecektir. Örneğin genişletici maliye politikası ile sağlanan istihdam artışının dış ticaret dengesi üzerindeki olumsuz etkileri, sıkı para politikasına dayalı olarak sermaye girişi ile telafi edilebilecektir[4].

Kurların piyasada oluşan arz ve talep yerine; önceden belirlenmiş bir bant içerisinde hareket edebildiği ve kurların sözü edilen sınırların dışına çıkmasını önlemek için gerektiğinde para otoriteleri tarafından müdahalede bulunulan sabit kur sistemlerinde alt ve üst destekleme noktaları ilgili bantın genişliğini belirlemektedir. Sistemde üst destekleme noktası ulusal paranın alabileceği en yüksek değeri; alt destekleme noktası ise en düşük değeri ifade etmektedir[5]. Ancak altın standardına dayalı bir sabit kur sisteminde bu destekleme noktaları, altın ithal ve ihraç noktaları adını almaktadır.

---

[4] Ronald W. Jones, Monetary and Fiscal Policy for an Economy with Fixed Exchange Rates, The Journal of Political Economy, Vol. 76, No. 4, Part 2, 1968, s. 921.
[5] Karluk, s. 364.

Genellikle sabit kur sistemlerinde kurların serbestçe hareket edebildiği sınırlar ülkeler tarafından ya da uluslararası anlaşmalar ile belirlenirken altın standardında bu sınırlar, altının bir yerden başka bir yere taşınma maliyeti tarafından belirlenmektedir. Taşıma maliyeti ise nakliye, komisyon, sigorta ve arbitrajcıların fonlarını bağladıkları süre içerisindeki faiz kaybını da kapsamaktadır[6].

Sabit döviz kuru sisteminin en iyi çalıştığı ve altın ihracı ile ithalinin serbest olduğu altın standardı sisteminde ülkelerin para arzı altın ya da altın karşılığı olan kağıt paradan oluştuğundan ve ülkeler altının resmi fiyatını kendi ulusal paraları cinsinden tanımladığından söz konusu fiyattan altın alıp satmakta ve tüm bu faktörlerin doğal sonucu olarak para arzı ile ülkelerin ödemeler bilançosu arasında doğrudan bir bağlantı söz konusu olmaktadır[7]. Sistemde, altın konvertibilitesinin geçerli olmasına bağlı olarak hükümetler ulusal para karşılığında istenilen kadar altını satmayı taahhüt etmek zorundadırlar. Kurların altının transfer maliyetinin belirlediği alt ve üst destekleme noktasının dışına çıkması eğilimi oluştuğunda sabit kuru sürdürmek büyük ölçekli altın akımlarına neden olmaktadır.

Altın standardı sisteminin uygulanabilmesi, ülkeleri belirli katı kuralları da baştan kabul etmeye zorlayacaktır. Çünkü bu sistemde ülkeler ulusal paralarının değerini altın karşısında sabitlediğinden para arzını altın rezervlerinin belli bir oranı düzeyinde sabitleyeceklerdir. Böylece kuru destekleyebilmek için para arzının altının arz kapasitesinin üzerine çıkması önlenmiş olacaktır. Para arzının gerekenden fazla artırılmasına dayalı bir politika, kısa vadede yurtiçinde üretilen mallara olan talebi artıracak; orta

---

[6] Charles P. Kindleberger, International Economics, Irwin Publishing, 1968, s.449.
[7] Carbaugh, Fourth Edition, s. 340.

ve uzun vadede yurtiçi fiyatlar yükselecektir. Fiyat artışları da ithal mallara olan talebi artırarak diğer ülkelerin elinde talep edilenin üzerinde ilgili ülke parasının birikmesine neden olacaktır[8].

Altın standardı sisteminde para arzı ile altın rezervleri arasındaki bağlantının en yalın hali yüzde yüz para ilkesine dayanan sistemde gözükmektedir. Bu durum altın ihraç ve ithalinin para arzını doğrudan etkileyerek dış dengesizliklerin para arzı değişmeleri yoluyla kendi kendisini tedavi etme eğilimini de beraberinde getirebilecektir. Ancak altın rezervleri ile para arzı arasındaki bağlantının hangi ilkeye göre olacağı konusunda iki farklı sistem ortaya çıkmıştır. Bunlar tam karşılık ilkesi (currency principle) ve bankacılık ilkesi (banking principle) olarak ifade edilmektedir.

Birinci ilke David Ricardo'ya dayanmaktadır. Bu ilkeye göre ekonomide miktar teorisi geçerli olup; merkez bankasında altın karşılığı olmadan banknot çıkartılması doğrudan fiyatlar genel düzeyinde artışlara yol açmakta ve çıkarılan banknotun değeri tamamen altın karşılığı tarafından belirlenmektedir. Böylece, emisyon yetkisinin kötüye kullanılması bu şekilde önlenmiş olacaktır. Sistemde, piyasa faaliyetlerini yönlendiren temel etken olarak para arzı, altın girişleriyle artıp; altın çıkışlarıyla birlikte azalmalıdır. Sistemin eleştirilen yönü ise özelikle ekonominin daralma dönemlerinde merkez bankalarının durgunluğu aşabilmek için müdahalede bulunabilme olanaklarını büyük ölçüde sınırlandırmasıdır[9].

Para arzının katı bir şekilde altın rezervine bağlı kılınması, ekonominin ihtiyaçları doğrultusunda merkez bankasının aktif politika

---

[8] Gerber, s.190-191.
[9] Feridun Ergin, Para Siyaseti, Sermet Matbaası, İstanbul, 1972, s. 103-105.

izlemesini imkansız hale getirdiğinden para arzının sahip olunan altın ile değil de, ekonominin ihtiyaçlarına göre belirlenmesi gerektiği görüşü bankacılık ilkesini gündeme getirmiştir. Bu ilkeye göre sistemde para arzı satın alma gücünün nedeni değil sonucu olmakta, diğer ilkenin aksine para talebi esas alınarak milli gelirdeki değişmeye göre para arzının ayarlanması savunulmaktadır.

Satın alma gücünün sadece emisyon ile değil aynı zamanda bankaların kredi yaratması ile de desteklenmesi öngörülmüştür. Ayrıca, fiyat artışlarının her zaman para arzından kaynaklanmayabileceği; döviz kurundaki bir yükselmenin de fiyat artışlarına yol açabileceği ve böyle bir durumda para ve kredi talebinde meydana gelecek artışların bankacılık sistemince karşılanmasının tehlikeli olmayacağı kabul edilmiştir[10].

2.1.1. Sabit Kur Sisteminde Döviz Kurunun Oluşumu

Sabit bir kur sisteminde döviz arz ve talebinde meydana gelecek bir değişme öncelikle kuru altın ihraç ya da ithal noktasına doğru çekecektir. Örneğin döviz talebindeki bir artış, döviz kurunun altın ihraç noktasına kadar çıkmasına yol açacak; ancak buna rağmen döviz talebi fazlası devam edecek olursa döviz rezervlerinde azalma ortaya çıkacaktır. Benzer şekilde döviz arzındaki artış kuru altın ithal noktasına kadar çekecek; ancak bu noktadan sonra rezerv artışı söz konusu olacaktır. Kısaca ifade edilen bu mekanizma şekil yoluyla şöyle açıklanabilecektir[11].

Şekil 2.1.'de de görüldüğü üzere SS eğrisi ile gösterilen döviz arz eğrisi ve DD ile gösterilen döviz talep eğrilerinin kesiştiği E noktasında denge sağlanmış ve Rd denge döviz kuru olmuştur. Döviz talebinde bir

[10] Ergin, s. 104- 105.
[11] Walter, s. 343- 345.

artış olması kurları altın ihraç noktasına doğru itecek, kur, altın ihraç noktasına ulaştığında döviz karşılığı altın ihraç etmek karlı hale gelecektir. Çünkü, döviz talebindeki bir artış kuru R_2'ye çıkarıyorsa rezervlerde bir azalma söz konusu olmayacak; ancak, kurun bantın sınır noktasına çıkmasına rağmen arz ve talep arasında bir dengesizlik mevcut ise rezervlerde azalma kaçınılmaz olacaktır. Nitekim döviz talep eğrisi D'D' şeklinde sağa doğru kaydığında R_2 döviz kurunda oluşacak CA kadarlık talep fazlası sonucu rezervlerde de CA kadar azalma oluşacaktır.

Şekil 2.1. Sabit Kur Sisteminde Döviz Kurunun Oluşumu

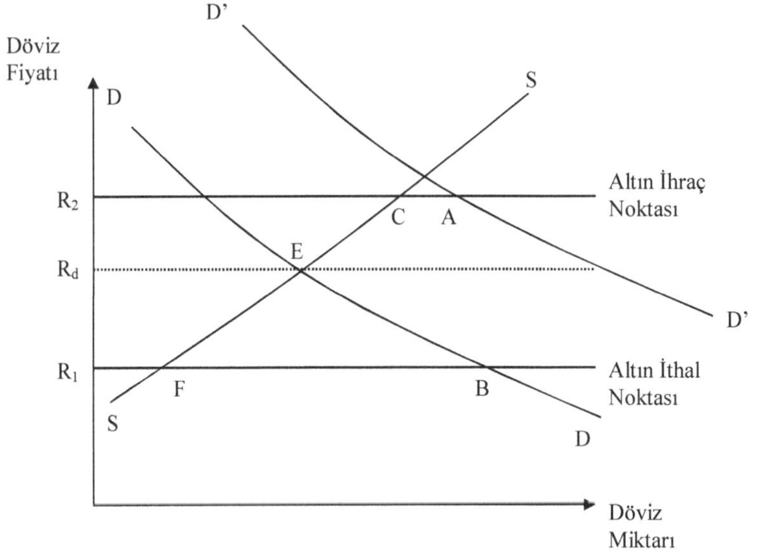

Kaynak: Walter, 1975, s.344.

Benzer şekilde döviz talebinde bir azalmaya bağlı olarak kurların altın ithal noktasına inmesi durumunda döviz karşılığı altın satın almak avantajlı hale gelecektir [12]. Döviz kurlarının altına dayalı olarak tanımlanması ve ülkelerin parite kurundan getirilen bütün paraları altına çevirmeyi taahhüt etmesi sebebiyle hiç kimse alt ve üst destekleme noktalarındaki kurdan başka bir fiyattan alıp satmak istemeyeceğinden hem arz hem de talep eğrisi son derece elastik olacaktır.

Hükümetlerin sabit bir fiyattan altın alım ya da satım taahhüdü altına girmediği bir sabit kur sisteminde ise yukarıdaki şekilden farklı olarak arz ve talep eğrilerinin elastikiyetleri biraz daha az olacaktır. Sistemde dengenin sağlanması bant içerisinde döviz kurunun hareketiyle kısmen ya da tamamen kur değişimi ile sağlanabiliyorsa, bir rezerv değişimi gerekli olmayacaktır. Ancak, kurun bant sınırına ulaşmasına rağmen döviz arz ve talebi arasındaki dengesizlik devam ediyorsa, bu durumda ülke önceki durumda olduğu gibi dış açık ya da dış fazla vermek zorunda kalacaktır.

Şekilde 2.2.'de görüldüğü gibi, döviz talebinin döviz arzını aşmasına bağlı olarak DD talep eğrisinin D'D' şeklinde sağa doğru kayması döviz kurunu üst destekleme noktasına itecektir. Kurun R_2'ye ulaşması talep fazlasının kısmen giderilebilmesine rağmen AB kadar bir dış açığa yol açmıştır. Oluşan dış açık ise rezervlerde bir azalmayı beraberinde getirmektedir. Ancak, şekilden de anlaşılacağı üzere, talep eğrisindeki kayma ne kadar büyük, bant genişliği ne kadar küçük ve döviz arz ve talep eğrilerinin elastikiyetleri ne kadar az ise dış dengesizlik o kadar büyük ve rezerv kaybı da o ölçüde yüksek olacaktır. SS ile gösterilen otonom döviz arz eğrisi ise, üst destekleme noktasına ulaşıldığı A noktasından itibaren

[12] Walter, s. 343- 344.

son derece elastik bir hal alacağından AS arasında işlevsiz hale gelecek ve yeni arz eğrisi, talep eğrisini B noktasında kesen SAS_1 eğrisi olacaktır[13].

Şekil 2.2 Bant Sisteminde Denge Döviz Kuru

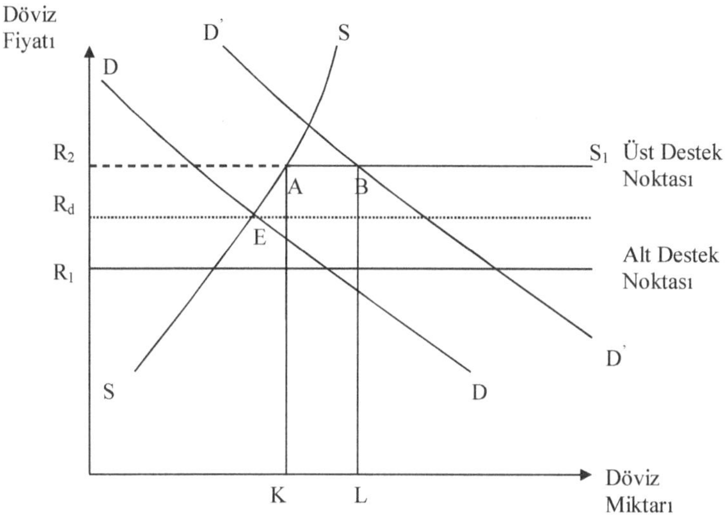

Kaynak: Ingram, 1986, s. 105.

2.1.2. Sabit Kur Sisteminde Dış Denkleşme Sorunu

Fiyat ve ücret katılıklarının bulunmadığı bir ekonomide fiyat ve gelir değişimleri yoluyla kendiliğinden dış denge sağlanabileceğinden sabit kur sistemi uygulamak nisbeten daha kolay olabilecektir. Ancak, belirtilen varsayımların ortadan kalkması durumunda otoriteler tarafından izlenecek politikaların önemi de artabilecektir. Bu sebeple sabit kur sisteminde dış

[13] James Ingram, International Economics, John Wiley & Sons, USA, 1986, s. 105.

dengenin sağlanmasına ilişkin teorik yaklaşımlara aşağıda ayrı başlıklar altında değinilmesinin daha uygun olabileceği düşünülmüştür.

2.1.2.1. Sabit Kur Sisteminde Otomatik Denkleşme Mekanizması

Sabit bir kur sisteminde dış dengenin sağlanması açısından ödemeler dengesi ile ulusal para arzı arasındaki doğrudan bağlantı önem kazanmaktadır. Çünkü özellikle altın standardı sisteminde ortaya çıkacak bir dış dengesizlik ulusal paraların altın karşılığı sebebiyle etkisini doğrudan para arzında daralma ya da genişleme biçiminde gösterecektir. Örneğin ülkenin ödemeler dengesinin açık vermesine bağlı olarak döviz talebi döviz arzını aştığında kur, altın ihraç noktasına yükselerek yurtdışına altın ihracı başlayacak; dış fazla durumunda ise aynı süreç ters yönde işleyecektir. Böylece ortaya çıkan fiili bir dış dengesizliğin fiyat, gelir ve faiz değişimleri yoluyla ortadan kalkması eğilimi oluşacaktır.

Sabit kur sisteminde fiyat değişmelerine dayalı dengelenme sürecinde fiyat para akım mekanizması belirleyici rol oynamaktadır. Şöyle ki, dış açık veren ülke rezerv kaybetmekte, para arzı ile altın rezervleri arasındaki doğrudan bağlantı sebebiyle de para arzı daralmakta ve fiyatlar düşmektedir. Fiyatlardaki düşme ihracatı artırmaktadır. Açık veren ülkenin ticaret yaptığı dış fazla veren ülkelerde ise ithalat artmaktadır.

Para arzındaki değişmelerin fiyatlar üzerindeki doğrudan etkisi ise (M V =P O) denklemiyle ifade edilen miktar teorisi varsayımından kaynaklanmaktadır. Denklemde, M: Para miktarı, V: Paranın gelir dolanım hızı, P: Fiyatlar Genel Düzeyi ve O: Yıl içinde üretilen nihai mal ve hizmetlerin reel hacmini göstermektedir. Bu durum ülkenin ihracatını teşvik edip, ithalatı caydırarak rekabet gücünü artırdığı gibi kısmen dış açığın kapatılabilmesine de olanak sağlamaktadır. Sistemde merkez bankasına düşen görev ise ödemeler dengesi açığı karşısında tahvil satışı yoluyla para arzını daraltarak belirtilen bu otomatik eğilimleri güçlendirmek olacaktır[14].

Fiyat değişmelerine dayalı klasik altın standardı sisteminde dengelenme açısından ekonominin tam istihdamda bulunması ile fiyatlar ve ücretlerin esnekliği zorunlu varsayımlar olmaktadır[15]. Fiyat ve ücret katılıkları arttıkça mekanizma da ancak dış fazla durumunda daha etkin olarak çalışabilecektir.

Belirtilen fiyat etkilerinin meydana gelebilmesi için merkez bankasının dış dengesizliklerin para arzı üzerindeki etkilerini nötralize etmemesi gerekecektir. Ayrıca, klasik yaklaşımın bir diğer varsayımı olan paranın dolanım hızının sabitliği için para talebinin sadece işlem amaçlı olması gerekecek, çünkü spekülatif amaçlı para talebi söz konusu olamayacağından faiz oranı tarafından belirlenen spekülatif balansların dolanım hızı sıfır olacaktır. Nihai dolanım hızı ise, sabit ve sıfır dolanım hızlarının ağırlıklı ortalaması olacaktır. Para arzındaki değişmelere bağlı olarak faiz oranı para balanslarının işlem ve spekülatif amaçlı dağılımını belirlediğinden paranın dolanım hızını da etkileyebilecektir[16].

Merkez bankasının reeskont oranları ve açık piyasa işlemleri gibi para politikası araçlarını kullanarak uygulamada ödemeler dengesinin otomatik olarak sağlanmasını hızlandırması da mümkün olmaktadır[17]. Şöyle ki, dış açık veren ve dolayısıyla altın ihraç eden ülkenin merkez

[14] Kreinin, s. 111.
[15] Seyidoğlu, Uluslararası İktisat, s. 343.
[16] Kreinin, s. 111- 112.
[17] Gül Günver Turan, Uluslararası Para Sistemi, Dünü ve Bugünü, Türkiye İş Bankası Kültür Yayınları, Tisa Matbaası, Ankara, 1980, s. 16- 18.

bankası reeskont oranlarını yükselterek kredi hacmini daraltırken fazla veren ülkenin merkez bankası da reeskont oranlarını düşürerek kredi hacmini genişletecektir.

Ödemeler dengesi açığı veren ülkede bu durum geçici olmayıp yapısal bazı nedenlerden kaynaklanıyorsa, kredi hacminin daraltılması daha uzun vadeli reel sonuçlar da doğurabilecektir. Örneğin, yatırımlarda ve dolayısıyla sermaye malları talebinde azalma ve işsizlik oranında ortaya çıkacak artış tüketim mallarına olan talebi de düşürecektir. Bu durumda kredi borçlarını ödemek ve stoklarını eritmek zorunda olan tüccarların kredilerini yenileyememe ve fiyatların daha da düşme olasılığı karşısında piyasaya daha fazla mal sürmesi ise fiyatlardaki düşüşü hızlandırarak ithalatta azalma ve ihracatta artış yoluyla dış dengenin sağlanması eğilimini kuvvetlendirecektir.

Dış dengesizliklerin istenen yönde fiyat değişmelerine ve böylece miktar olarak dış alım ya da dış satımların değişmesine imkan verebilmesinin yanı sıra değer olarak da ithalat ve ihracatı değiştirebilmesi gerekmektedir. Bu bakımdan fiyat elastikiyetlerinin yüksek olması ve sektörler arasında faktör mobilitesi bulunması, sistemin çalışabilmesi açısından gerekli olacaktır. Nitekim Ohlin tarafından ortaya konulduğu üzere, bir dış açık durumunda talepte meydana gelecek azalma dış ticarete konu olmayan mallar üreten sektörde daha fazla olursa üretim faktörlerinin bu sektöre kayması sonucu ihracat artışı ile birlikte dış denge sağlanmış olacaktır[18].

[18] Robert M. Stern, The Balance of Payments: Theory and Economic Policy, The MacMillan Press Ltd., 1976, s.245.

2.1.2.2. Sabit Kur Sisteminde Dış Dengeye Keynezyen Yaklaşım

Tam istihdam, fiyat ve ücretlerin tam elastikiyeti ile faktör mobilitesi gibi varsayımların her zaman gerçekleşmesi mümkün olabilecek varsayımlar olmaması nedeniyle sabit bir kur sisteminde dış dengenin sağlanmasında fiyat para akım mekanizması yerine marjinal eğilim ve çoğaltan gibi araçlara sahip olan Keynezyen Gelir- Harcama yaklaşımı ön plana geçmiştir. Esasen Keynezyen Gelir Harcama yaklaşımının ayırt edici yanı ise ekonomiyi yönlendirmede para arzı yerine toplam harcamaların nispi olarak daha etkin olduğunun kabulü ile paranın dolanım hızı yerine çoğaltanın konmasıdır.

Ödemeler Dengesine ilişkin Keynezyen analizlerde, ülke içinde ve dışında yatırımın nispi karlılığındaki değişmelerin sermaye hesabı üzerine etkileri üzerinde durulmuş olmakla birlikte temelde cari işlemler ve ticaret dengesine önem verilmiş; sermaye hesabı daha sonra analize dahil edilmiştir. Öte yandan, ödemeler bilançosu gelir-harcama modeli çerçevesinde ele alınmış ve ödemeler bilançosuna kısa dönemde elastikiyetler yaklaşımı çerçevesinde, orta vadede çarpan yaklaşımı çerçevesinde ve genel anlamda da massetme yaklaşımı çerçevesinde yaklaşılmıştır[19].

Büyük Bunalım sonrasında ve özellikle 1930'lı yıllarda sabit kur sisteminin uluslararası fiyat para akım mekanizması çökerek yaygın işsizlik temel problem olarak ortaya çıkmıştır. Keynezyen devrim ile birlikte fiyat ve ücretlerin her iki yönde elastik olduğu tam istihdamdaki bir ekonominin yerini fiyat ve ücret katılıklarının bulunduğu eksik istihdamdaki bir

---

[19] Melvin Johnson, Krishna M. Kasibhatla and John Malindretos, Keynesian and Monetary Approaches to the Balance of Payments, Keynesian & Monetary Approaches to Managing Disequilibrium in Balance of Payments Accounts, Greenwood Publishing Group, 2000, s.113.

ekonomi almış ve dış dengenin sağlanmasında ağırlık fiyat değişmelerinden gelir değişimlerine kaymıştır. Dolayısıyla, fiyat ve ücret ayarlanmaları yoluyla tam istihdama yönelen bir ekonomi yerine kısmen sabit fiyat ve ücretler ile istihdam ve gelir düzeyinin değiştiği bir model almıştır[20]. Gelir dengelenme mekanizması klasik yaklaşımın aksine politika uygulayıcıları açısından iç ve dış denge amaçları arasındaki çelişkiyi ilk defa ortaya koymuştur.

Keynezyen yaklaşıma göre, fiyat ve ücretlerin esnek olmadığı bir ekonomide devalüasyon yoluyla yurtiçi malların ithal mallar karşısında reel nispi fiyatlarının değiştirilmesi üretim ve ihracat artışı ile birlikte tüketimde ithal malların yerliler ile ikamesini mümkün kılabilecektir. Böylece dış denge de sağlanabilecektir. Keynezyen yaklaşımda paranın ekonomi üzerindeki etkilerinin ikinci plana itilerek, kısa dönem üzerinde yoğunlaşılması, ödemeler bilançosu ve para arzı ile para arzı ve toplam talep arasındaki bağlantıların ihmal edilmesi, devalüasyon ve elastikiyetlerin ödemeler bilançosu üzerindeki etkilerinin analiz konusu yapılması sonucunu doğurmuştur[21].

Nitekim dışa açık Keynezyen bir ekonomide, milli gelir dengesinin sağlanması için toplam harcamaların toplam üretime eşitlenmesi gerektiğinden tüketim, yatırım, ihracat ve ithalatta meydana gelecek değişmeler çoğaltan mekanizması ile milli geliri de etkileyecektir. Örneğin, ihraç ürünlerine olan talepte meydana gelecek bir daralma bu endüstrilerde bir üretim, istihdam ve gelir azalışını beraberinde getirecek ve bu daralma sadece söz konusu endüstriler ile sınırlı kalmayıp, çoğaltan mekanizması yoluyla tüm ekonomiye yayılma eğilimi gösterecektir.

---

[20] Harry G. Johnson, The Monetary Approach to Balance of Payments Theory, The Journal of Financial and Quantitative Analysis, Vol. 7, No. 2, March 1972, (Monetary Approach), s. 1561.
[21] Johnson, Monetary Approach, s. 1557

Gelirde meydana gelecek azalma ise, ithalatın gelire bağlılığı sebebiyle marjinal ithal eğilimi ölçüsünde ithalatı da azaltıcı bir etki gösterecektir. Gelir artışına bağlı ithalat artışının yol açtığı bir dış açık durumunda da ithalata rakip mallar üreten sektörlerdeki talep azalmasına bağlı olarak buradaki üretim ve gelir azalışı diğer sektörlere yayılarak dengelenme yönünde bir eğilimi yine oluşturacaktır.

Çoğaltan katsayısının büyüklüğünü etkileyen bir diğer faktör de marjinal tasarruf eğilimidir. Örneğin, ihraç endüstrilerine yönelik dış talepte ortaya çıkacak bir azalma söz konusu endüstrilerde çalışanların satın alma güçlerine nazaran daha az bir talep azalması meydana getirebilecektir. Buna karşılık gelir ve satın alma gücündeki artış da daha az bir talep artışına sebep olabilecek; bu durum ilgili kesimlerin birikmiş tasarruflarından kaynaklanabilecektir. Dolayısıyla, marjinal tasarruf eğiliminin yüksek olması harcama, gelir ve ithalat artışını azaltarak gelir dengelenme mekanizmasına dayalı dış denkleşmeyi yavaşlatabilecektir[22].

Para otoritelerinin faiz oranlarını bir araç olarak kullanmaları durumunda sermaye mobilitesi ölçüsünde kısa vadeli sermaye hareketleri de dengelenmeye katkıda bulunabilmektedir. Ancak, bir ödemeler dengesi açığı durumunda faiz oranlarının yükseltilmesinin sermaye girişi üzerindeki etkisi tasarruf ve yatırımlar üzerindeki etkisine göre daha hızlı gerçekleşmektedir. Sermaye girişinin para arzını artırması tam istihdama yakın bir ekonomide reel gelir artışı yerine parasal gelirlerde bir artışa yol açabilmekte; ayrıca, faiz oranının yükseltilmesi, döviz girişini artırmasına karşın yatırımların faiz elastikiyetinin yüksekliği ölçüsünde yatırımları azaltıcı etki yapabilmektedir. Sermaye girişini azaltmak amacıyla faiz

[22] Kreinin, s. 103-104.

oranının düşürülmesi ise ekonomide yatırımları artırırken tam istihdamda bir ekonomi söz konusu ise enflasyonist baskıyı artırabilecektir[23].

Konuya son vermeden önce ödemeler bilançosu analizinde Keynezyen Yaklaşım, tüm dış değişkenlerin dışsal olduğu varsayımı ile (Frenkel'in notasyonuna bağlı kalarak) şu şekilde formüle edilebilecektir[24];

R: Ulusal para cinsinden rezervleri; T: Reel ticaret dengesini (Net İhracat), e: Reel Döviz Kurunu; P: Fiyat Düzeyini, F: Net sermaye girişini; r: Faiz oranını, M: Nominal para arzını; L: Nominal para talebini, Y: Reel geliri; m: Para çoğaltanını, D: Nominal yurtiçi kredileri, temsil etmektedir. Buna göre, aşağıda belirtilen eşitlikler elde edilecek ve bu eşitlikler şöyle yorumlanabilecektir:

$T = T(Y, e/p)$ (Ticaret Dengesi) (I)

$F = F(r)$ (Sermaye Girişi) (2)

$\Delta R = PT + F$ (Ödemeler Dengesi) (3)

$\Delta R = PT(\overset{-}{Y}, \overset{+}{e}/p) + F(\overset{+}{r})$ (Keynezyen Ödemeler Dengesi Eşitliği) (4)

I no'lu eşitliğe göre net ihracat gelir düzeyi ile ters yönde, reel döviz kuru ile aynı yönde değişmektedir. 2 no'lu eşitliğe göre yurtdışından net sermaye girişi, yurtiçi faiz oranı ile aynı yönde değişmektedir. 3 no'lu eşitlik ödemeler dengesini net ihracat ve net sermaye girişinin toplamı olarak tanımlarken; 4 no'lu eşitliğe göre, fiyatlar genel düzeyi ve faiz oranı veri iken, gelirdeki bir artış, ödemeler dengesini kötüleştirmektedir. Benzer

---

23 Karluk, s.449.

24 Jacob A: Frenkel, Thorvaldur Gylfason, John F. Helliwell, A Synthesis of Monetary and Keynesian Approaches to Short-run Balance- of- Payments Theory, The Economic Journal, Vol.90, No.359, 1980, (Monetary and Keynesian), s. 584.

biçimde milli gelir ve faiz oranı veri iken fiyatlar genel düzeyinin yükselmesi, ödemeler bilançosunu kötüleştirmektedir. Milli gelir ve fiyatlar genel düzeyi veri iken yurtiçi faiz oranının yükselmesi ödemeler dengesini iyileştirmektedir. Milli gelir, fiyatlar ve yurt içi faiz oranı veri iken reel döviz kurunun yükselmesi yine ödemeler bilançosunu iyileştirirken; gelir, fiyatlar ve faiz oranı sabitken yurtiçi kredilerin artırılması ödemeler bilançosunu etkilememektedir.

2.1.2.3. Sabit Kur Sisteminde Dış Dengeye Parasal Yaklaşım

Ödemeler Dengesinin parasal analizi ile birlikte sermaye hesabı ve cari işlemler arasında denkleştirici bir işlev gören resmi rezerv işlemleri dengesi üzerine eğilinmiş; yakın zamana kadar ödemeler bilançosu içerisinde cari işlemler hesabı ve onun temel bileşeni olan dış ticaret dengesi ya da diğer bir deyişle çizgi üstü işlemler temel analiz konusu olurken, parasal yaklaşım ile birlikte çizgi altı işlemler analize dahil edilmiştir [25]. Ödemeler dengesizliği ise, para otoritelerinin kurların serbestçe oluşumuna izin vermediği sabit bir kur sistemi altında ülkenin döviz rezervlerindeki bir değişme olarak tanımlanmıştır[26]. Şöyle ki, bir dış açık ülke sakinlerinin gelirlerinden fazla harcama yapmalarını ifade edecek ve bu harcamalarını finanse edebilmeleri merkez bankasından döviz satın almaları veya sahip oldukları yabancı menkul kıymetleri elden çıkarmaları yoluyla mümkün olabilecektir. Para otoritesinin pasif bir tutum izlemesi halinde dış açık kendiliğinden ortadan kalkacaktır.

---

[25] Ronald Shone, The Monetary Approach to the Balance of Payments: Stock- Flow Equilibria, Oxford Economic Papers, New Series, Vol. 32, No.2, 1980, s. 204.
[26] Anne O. Krueger, Balance of Payments Theory, Journal of Economic Literature, Vol. 7, No. 1, 1969, (Balance of Payments), s. 7-8.

Merkez bankasının dış dengesizliğin para arzı üzerindeki etkilerini ters yönde açık piyasa işlemleri yoluyla ortadan kaldırması halinde ise dış dengesizliğin otomatik olarak giderilmesi imkanı da ortadan kalkabilecektir. Çünkü sabit bir kur sisteminde dış açık ancak para talebinin istikrarlı olduğu kabulünden hareketle para otoriteleri tarafından kredi yaratılarak para arzındaki daralmanın önlenmesine ya da paranın dolanım hızının artmasına bağlı olarak ortaya çıkabilecektir [27]. Böyle bir durumda dış açık döviz rezervleri tükenene kadar sürdürülebilecektir.

Ödemeler bilançosuna parasal yaklaşımın dış dengesizliği para arzı ile para talebi arasındaki dengesizlik şeklinde ele almasına ve kaynağını da altın para akım mekanizmasından almasına karşın, klasik yaklaşımdan temel farklılığı şudur: Hume'un altın para akım mekanizmasında, dış denkleşme de nispi fiyat değişmeleri ön planda iken, yeni yaklaşımda aşırı para arzı ve talebinin gelir ve harcamalar arasındaki denge üzerine doğrudan etkisi ya da daha genel bir ifadeyle, aşırı para arzı ve talebinin üretim ve tüketim yoluyla ya da borçlanma ve borç verme yoluyla, elde edilen ya da harcanan bütün fonlar arasındaki denge üzerine doğrudan etkisi üzerinde durulmaktadır.

Parasal yaklaşımın temel olarak, 1930'larda yaygın işsizlik ile birlikte ortaya çıkan ve tam istihdam ile ücret ve fiyat esneklikleri gibi varsayımlara karşı eksik istihdam ile fiyat ve ücret katılıklarını esas alan, dış dengelenmede otomatik süreçlerin yetersizliği nedeniyle hükümetlerin aktif talep yönetimi politikalarını ve devalüasyonu kullanmasını gerekli

[27] Güran, Döviz Kuru Sistemleri, s. 57-59.

gören Keynezyen ödemeler bilançosu yaklaşımına karşı klasik yaklaşıma bir dönüş olduğu söylenebilecektir[28].

Nitekim Johnson, geliştirdiği "Ödemeler Yaklaşımı" çerçevesinde yukarıda sözü edilen durumu stok açık ve akım açık şeklinde ele alarak; ekonomide bireylerin ulusal para yerine yabancı varlık ikame etmelerini stok açık; ekonomik birimlerin gelirden fazla harcamaya dönük kararlarından kaynaklanan açığı ise akım açık olarak tanımlamıştır[29]. Buna göre geçici bir niteliğe sahip olan stok açık, ülke sakinlerinin ulusal para karşılığı yabancı varlık satın alımından kaynaklanmakta ve arzulanan portföy dengesine ulaşıldıktan sonra kendiliğinden ortadan kalkmaktadır. Stok açığın giderilmesinde Johnson'a göre döviz kuru değişmelerinin önemli bir etkisi olmadığından, yabancı varlık sahipliğinin doğrudan ya da dolaylı kontrollerle sınırlandırılması gerekli olacaktır. Ancak denilebilir ki, bu tür önlemlere başvurulma sebebi, portföy bileşimindeki değişmelerin ülkenin ekonomik konumunda kalıcı bir kötüleşme meydana getirmesi değil; ülkenin yabancı varlık stokundaki artışı finanse edebilecek döviz rezervine sahip olmaması olabilecektir[30].

Kredi genişlemesi yoluyla finanse edilen ve para otoritesinin para yaratımı devam ettiği sürece devam eden bir akım açık ise harcama azaltıcı ya da harcama kaydırıcı politikalar ile düzeltilebilecektir. Eğer ekonomi eksik istihdamda ise yurtiçi talebi dış ticarete konu mallardan dış ticarete konu olmayan mallara kaydırmaya dönük harcama kaydırıcı politikalar

---

[28] Johnson, Monetary Approach, s. 1556.
[29] Harry G. Johnson, Towards A General Theory of The Balance of Payments, Chapter VI in Harry G. Johnson, International Trade and Economic Growth: Studies in Pure Theory, 5. Impression, George Allen and Unwin Ltd., 1970, s. 158- 161.
[30] Harry G. Johnson, Towards A General Theory of the Balance of Payments, in Harry G. Johnson , International Trade and Economic Growth, R.E. Caves and H.G. Johnson (eds), 1968, s. 380.

yoluyla ve harcama değiştirmeye gerek kalmaksızın akım açık giderilebilecektir[31].

Parasal yaklaşım açısından ödemeler dengesi ise şu eşitlikler ile formüle edilebilecektir[32];

$M = L(P,Y,r)$ (para talebi denklemi) (5)

$M \equiv m(D + R)$ (para arzı tanımı) (6)

$\Delta R = \Delta \frac{I}{m} L(\overset{+}{P},\overset{+}{Y},\overset{-}{r}) - \Delta D$ (parasal ödemeler bilançosu eşitliği) (7)

Denklemlerde; M, nominal para arzını; L, nominal para talebini, P, fiyatlar genel düzeyini; Y, reel milli geliri, r, faiz oranını; m, para çarpanını, D, yurtiçi kredileri, R, ulusal para cinsinden belirtilmiş uluslararası rezervleri; Δ ise değişimleri ifade etmek üzere;

5 ve 6 no'lu eşitliğe göre oluşturulan 7 no'lu eşitliğe göre, şu önermeler ortaya konulabilecektir:

Fiyatlar ve yurtiçi faiz oranı veri iken milli gelirdeki artış ödemeler bilançosunu iyileştirmektedir,

Gelir ve yurtiçi faiz oranı veri iken fiyatlardaki artış, ödemeler bilançosunu iyileştirmektedir,

Gelir ve fiyatlar veri iken faiz oranındaki bir yükselme karşısında ödemeler bilançosu kötüleşmektedir,

---

[31] Krueger, Balance of Payments, s. 8.
[32] Frenkel, Gylfason, Helliwell, Monetary and Keynesian, s .585

Gelir, fiyatlar ve yurtiçi faiz oranı sabitken reel döviz kurundaki yükselme ödemeler bilançosunu etkilememektedir.

Böylece yapılan kısmi parasal ve keynezyen analizlerde gelir, fiyat ve faiz değişmelerinin ödemeler bilançosu üzerindeki etkileri konusunda farklı sonuçlara ulaşılmış olunmaktadır.

2.1.3. Sabit Kur Sisteminde Sermaye Akımları ve Spekülasyon

Sabit kur sisteminde döviz kurlarının doğrudan yada dolaylı olarak para otoritelerince belirlenmesi söz konusudur. Bu durumda sermaye akımları, dış dengenin sağlanmasını kolaylaştırabileceği gibi; aynı zamanda finans sisteminde başlayan ve reel ekonomiye de yayılan para krizlerinin kaynağı da olabilecektir.

Klasik yaklaşım sermaye hareketlerini bozucu bir istikrarsızlık kaynağı olarak ele almış ve reel sermaye transferi yoluyla sermaye hareketlerinin sermaye ithal eden ülkede ithalat artışı ve ihracat azalışı yoluyla bile olsa meydana getireceği arz artışı üzerinde durmuştur. Buna göre, borç veren ülke açısından ihracat artışı, ülkede üretilen sermaye malı kadar bir yatırımı temsil edecek; ancak sermayenin mal şeklinde transferi için ticaret hadlerinin değişmesi gerekecektir[33].

Kısa vadeli sermaye hareketleri yoluyla satın alma gücünün bu şekilde bir ülkeden diğerine transferi sermaye alan ülke açısından avantajlı olmakla birlikte, sabit kur sistemi altında parasal genişleme ile fiyat ve gelirlerde nispi yükselme eğilimi de doğuracaktır. Böyle bir durumda kısa vadeli sermaye, ülkenin döviz rezervlerini belli bir düzeyde tutma ya da

---

[33] P. Barrett Whale, International Short Term Capital Movements, Economica, Vol. 6, No. 21, 1939, s.31- 32.

belirli bir fiyat ve gelir düzeyini koruma amaçlı olarak altın ya da döviz ithali sağlama işlevi görecek, araç olarak da faiz oranları kullanılacaktır.

Yüksek faiz oranlarının sermaye girişini artırması, ilave yatırımların finansmanının yanı sıra, dış ticaret dengesi açıklarının kapatılmasını da sağlayabilecektir. Dış dengenin faiz oranları ile bu şekilde sağlanması dış dengesizliğin para arzı üzerindeki etkilerinin ortaya çıkmasına izin verilmesi ve sermaye mobilitesinin mevcut bulunması ile mümkün olacak; dış açık durumunda para arzı daralıp faiz oranı yükselirken, dış fazla durumunda faiz oranı düşecektir.

Şekil 2.3. Sabit Kur Sisteminde Faiz Oranı- Para Arz ve Talebi İlişkisi

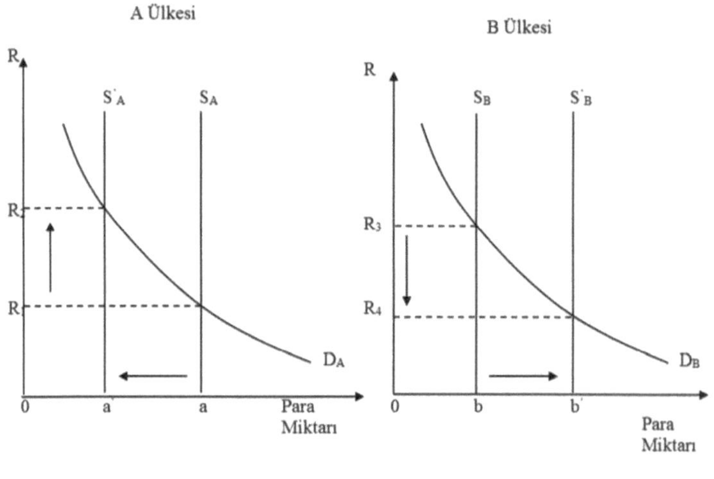

Kaynak: Walter, 1975, s. 370.

Nitekim Şekil 2.3.'de dikey eksen, faiz oranını, yatay eksen ise para arz ve talebini gösterirken, S doğrusu para arzını, D doğrusu ise para talebini temsil etmektedir. Para arzı doğrusu ülkenin rezervlerindeki artışa bağlı olduğundan her iki ülkenin para arzı doğruları dik bir görünüm almaktadır[34]. Faiz oranı ve gelirin bir fonksiyonu olan para talebi eğrisi ise negatif eğimlidir. Para arz ve talebinin kesiştiği noktada da denge faiz oranı oluşmaktadır. Dış açık veren ülkede sermaye ihracına bağlı olarak para arzı daralıp, faiz oranı yükselmektedir. Dış fazla veren ülkede ise faiz oranı düşmekte olup, dış açık veren ülkede yükselen faiz oranına bağlı olarak dışarıdan sermaye girişi artmakta ya da çıkış azalmakta ve yeniden dengelenme yönünde bir eğilim ortaya çıkmaktadır[35]. Buna göre A ülkesinde başlangıçta R_1 faiz oranında denge sağlanmışken oluşan dış açığa bağlı olarak para arzı daralıp faiz oranı R_2'ye yükselmektedir. B ülkesinde ise para arzındaki artışa bağlı olarak faiz oranı R_4 seviyesine inmektedir.

Dış açığa bağlı olarak rezervlerde meydana gelen bir azalma, faiz oranındaki yükselme ile birlikte yeniden artmakta, istenen rezerv miktarına ulaşıldığında faiz oranı artışı durmakta ve maksimum rezerv miktarı aşıldıktan sonra faizler düşmeye başlamaktadır. Ancak, diğer ülke piyasaları ile ulusal para piyasası arasındaki faiz farklılığına dayalı sermaye akımları temel olarak güvenliği esas aldığından, örneğin ilgili ülke parasının konvertibilitesinin kaldırılması ya da devalüasyon riski gibi durumlarda hızla ülkeyi terk edebilmektedir. Söz konusu güven unsurunun oluşumunda ise rezerv hareketleri önem kazanmaktadır. Şöyle ki, merkez bankası rezervleri ne kadar büyükse ülke piyasasına güven de o ölçüde büyük olmakta ve sermaye girişi artmaktadır. Böyle bir sistemde ise ödemeler bilançosu da döviz rezervlerinin bir fonksiyonu olacaktır[36]. Güven unsurunun var olması durumunda bir dış dengesizlik spekülasyon

---

[34] Walter, s. 370.
[35] Walter, s. 370-371.
[36] Robert Mundell, The Monetary Dynamics of International Adjustment under Fixed and Flexible Exchange Rates, The Quarterly Journal of Economics, Vol. 74, No.2, 1960, (Monetary Dynamics), s. 246.

faaliyetleri yoluyla rezerv değişmeleri söz konusu olmaksızın, daha ortaya çıkmadan giderilebilecektir.

Para otoritelerinin kurları sabit tutabilme gücü ya da kararlılığı spekülasyonun istikrar sağlayıcı ya da istikrar bozucu olmasını belirleyecektir. Döviz kurunun sabit tutulacağına duyulan güven azsa spekülasyon dış dengesizliği daha da artırabilecektir. Nitekim Mundell'e göre, spekülasyonun yönünü merkez bankası ve spekülatörlerin karşıt güçler olarak döviz rezervlerine yönelik mücadelesinde daha güçlü olan belirleyecektir. Merkez bankası, faiz oranlarını değiştirerek dış dengesizliği gidermeye çalışırken spekülatörler de, her hangi bir dış dengesizliği rezervlerde meydana gelen değişmeye bağlı olarak daha büyük görme eğiliminde olacaklardır ki bu durum şekil yardımıyla şu şekilde açıklanabilecektir[37].

Şekil 2.4. Sabit Kur Sisteminde Spekülasyonun Niteliği

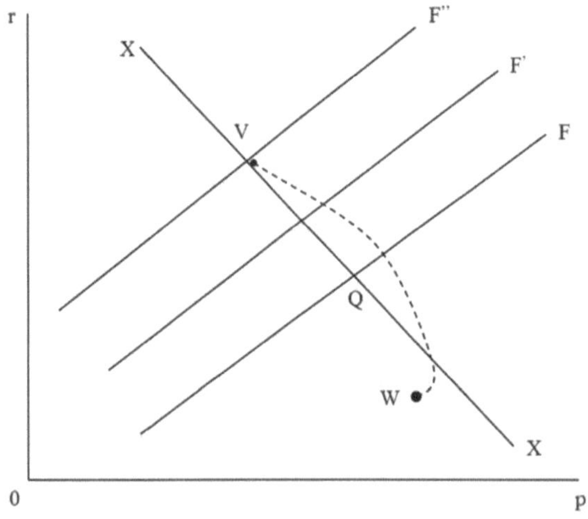

Kaynak: Mundell, 1960, s. 247.

[37] Mundell, Monetary Dynamics, s. 246- 247.

Şekil 2.4.'de, dikey eksen faiz oranını, yatay eksen ise döviz kuru ya da fiyat düzeyini, XX iç denge doğrusunu, FF de dış denge doğrusunu temsil etmektedir. FF dış denge doğrusunun sağı dış açık; solu dış fazla; XX iç denge doğrusunun da sol tarafı enflasyon, sağ tarafı da deflasyon şeklindeki dengesizlikleri ifade etmektedir. Başlangıçta ekonominin bulunduğu W noktasında dış açık ve enflasyon şeklinde bir dengesizlik bulunmakta ve bu durum faiz oranı ile fiyat düzeyinin yükselmesine yol açmaktadır. Söz konusu dış açık ayrıca döviz rezervlerinde azalmaya da yol açtığından dış denge şedülünü yukarı sola doğru kaydırmakta ve şedül döviz rezervlerinin her bir düzeyi için farklı bir konum almaktadır[38].

Sistemin istikrarı ise dış denge şedülündeki kaymanın büyüklüğü ile merkez bankasının dış açığa karşı ne ölçüde hızlı tepki gösterebildiğine bağlı olmaktadır. Örneğin V noktasında yeni dengenin kurulabilmesi için faiz oranının dış denge şedülündeki kaymaları durdurabilecek ölçüde hızlı değişebilmesi gerekecek ve faiz oranının yeterince hızlı değişebilmesi dış açığı dış fazlaya da dönüştürebilecektir. Sonuçta, dış dengenin rezervlerdeki değişmelere karşı duyarlılığının düşük; faiz oranına karşı yüksek olması ve merkez bankasının hızlı tepki verebilme gücü spekülasyonu istikrar sağlayıcı hale getirebilecektir[39]. Örneğin, bir dış açık durumunda, merkez bankasının hızla faiz oranını yükseltebilmesi spekülasyonun yönünü belirleyerek dış açığı ortadan kaldırabilecektir. Belirtilen bu koşulların sağlanamaması ise spekülasyonu istikrar bozucu hale getirerek dengeden daha uzaklaşılmasına neden olabilecektir.

---

[38] Mundell, Monetary Dynamics, s. 246.
[39] Mundell, Monetary Dynamics, s. 247.

2.1.4. Sabit Kur Sisteminde Para ve Maliye Politikaları

Ekonomi politikası uygulamalarında tam isithdam ve fiyat istikrarı şeklinde iç denge ile ödemeler bilançosu dengesinin eş anlı olarak sağlanması politika uygulayıcılarının temel amacını oluşturmakta ve söz konusu iki hedefe ulaşmada politika araçlarının nasıl kullanılacağının tesbiti bu açıdan önem taşımaktadır. Döviz piyasası dengesini de kapsayan ödemeler bilançosu dengesi cari işlemler ve/veya sermaye hesabında meydana gelecek değişmeler yoluyla sağlanabilecektir.

Döviz kurları, politika uygulayıcıları açısından ödemeler bilançosunu kontrol altına almak için güçlü bir araç olabilecektir. Çünkü döviz kurunda meydana gelecek bir değişme, yurtiçinde üretilen mallar ile ithal mallar arasındaki nispi fiyatları değiştirerek cari işlemleri doğrudan etkileyebilecektir. Öte yandan ekonomi eksik istihdam koşullarında ise nispi fiyatların değiştirilmesi suretiyle istihdam ve büyüme gibi iç denge amaçlarının gerçekleştirilmesi de sağlanabilecektir. Ancak sabitlenmiş kurlara dayalı bir yükümlülük altına girilmesi ile temel bir politika aracı olarak döviz kurundan vazgeçilmesi politika uygulayıcıları açısından dış denge ile istihdam ve büyüme gibi iç denge amaçlarının eş anlı olarak nasıl bağdaştırılabileceği sorununu ön plana çıkaracaktır[40].

Sabit kur sistemi, fiyat ve ücretlerin esnek olduğu klasik varsayımlar altında kur değişmelerine gerek kalmaması sebebiyle sorunsuz olarak işleyebilecektir. Ancak, fiyat ve ücret katılıklarının bulunduğu bir dünyada iç ve dış dengeyi birlikte sağlayabilmek için para ve maliye politikalarının uygun bir bileşiminin uygulanması gerekecek; bu politikaların yetersiz

[40] Jones, s. 921.

kalması durumunda ise tarife, kotalar, ithal yasakları ve kambiyo kontrolleri gibi dolaysız araçlara başvurulabilecektir.

Sabit kur sistemi içerisinde uygulanacak ekonomi politikalarının oluşturulmasında sermaye hareketlerinin serbestliği diğer bir ifadeyle sermaye mobilitesi de önem taşıyacaktır. Daha önce de ifade edildiği gibi uluslararası sermaye mobilitesi, faiz paritesi aracılığıyla farklı ulusal paralar cinsinden varlıkların faiz oranları arasında ilişki kurmakta ve bu da faiz oranlarının ilgili ulusal paraların vadeli prim ve iskonto oranlarına eşit olmasını gerektirmektedir. Faiz paritesi kanalıyla ülkelerin faiz oranları arasında oluşan bu bağlantılar ülkelerin cari işlemler açığı karşısında sermaye hesabı kanalıyla dış dengenin sağlanmasına katkıda bulunsa da dış alemdeki makro dengesizliklerin ana ülkeye geçişini kolaylaştırıcı bir etki de meydana getirebilecektir.

Mundell, sabit kur sisteminde ve dış ticaret ile sermaye hareketleri üzerinde kısıtlamaların bulunmadığı bir ekonomide doğrudan kontrollere başvurma gereği olmadan iç ve dış dengenin birlikte sağlanmasında, para politikasının dış denge; maliye politikasının ise iç denge amacı ile kullanılmasını önermiş, aksi durumda dengesizliğin daha da artacağını ortaya koymuştur[41].

Mundell iç ve dış dengeyi sağlamaya dönük para ve maliye politikalarını ortaya koyarken başlangıçta mal, para-sermaye ve döviz piyasalarının dengede olduğunu varsaymıştır[42]. Buna göre denge koşulu, mal ve hizmet piyasası için, tasarruf ve yatırımlar arasındaki farkın bütçe

---

[41] Robert A. Mundell, The Appropriate Use of Monetary and Fiscal Policy for Internal and External Stability, IMF Staff Papers IX, (March 1962), (Appropriate Use), s. 70.

[42] Robert A. Mundell, Capital Mobility and Stabilization Policy Under Fixed and Flexible Exchange Rates, The Canadian Journal of Economics and Political Science, Vol.29, No.4, (Nov. 1963), (Capital Mobility), s. 477.

fazlası ile dış ticaret açığının toplamına eşit olmasıdır. Denge koşulu, sermaye piyasası için, yerli bankalar ve yabancıların hükümet ile hane halkının borcundaki net artışı karşılamaya istekli olmasıdır. Döviz piyasası için rezervlerdeki gerçek artışın merkez bankasının satın almaya istekli olduğu miktara eşit olması ve son olarak para piyasası için toplumun, bankacılık sistemi tarafından para arzında meydana getirilen artışı karşılamaya istekli olmasıdır.

Para politikası, açık piyasa işlemleri yoluyla, maliye politikası ise kamu borçlarının artırılması yoluyla finanse edilen kamu harcamaları artışı şeklinde uygulanmaktadır. Merkez bankası ilan edilmiş parite üzerinden döviz alıp satarak müdahalede bulunmakta dolayısıyla dalgalanma marjının bulunmadığı katı bir sabit kur sistemi varsayılmaktadır.

Merkez bankasının menkul kıymet alımı yoluyla para arzını artırması, faiz oranını düşürücü bir etki yapmakta, ancak sermaye kaçışı ile birlikte ödemeler bilançosundaki kötüleşme faizlerdeki düşüşü önlediğinden, ulusal paranın değer kaybını önleyebilmek için merkez bankası yabancı para satıp ulusal para satın almak zorunda kalmaktadır. Mundell'e göre, bu süreç, birikmiş döviz açığı, ulusal paranın açık piyasa alımlarına eşit olana ve para arzı başlangıçtaki düzeyine gelinceye kadar devam edecektir[43].

Dolayısıyla merkez bankası menkul kıymet alımı şeklinde açık piyasa işlemleriyle para arzında meydana getirdiği artışı ulusal para karşılığı döviz satarak geri almış olacaktır. Bu nedenle para politikası dış dengeyi sürdürmede daha etkindir. Çünkü para politikası sabit kur sistemi ve yüksek sermaye mobilitesi altında gelir düzeyi üzerinde sürdürülebilir

[43] Mundell, Capital Mobility, s. 479.

bir etkiye sahip değildir. Hatta sermaye mobilitesi tam olduğunda merkez bankasının faiz oranı ve para arzı üzerindeki kontrolü de ortadan kalkmakta ve ilgili değişkenleri ancak geçici olarak etkileyebilmektedir[44].

Şekil 2.5. Sabit Kur Sisteminde Para Politikası

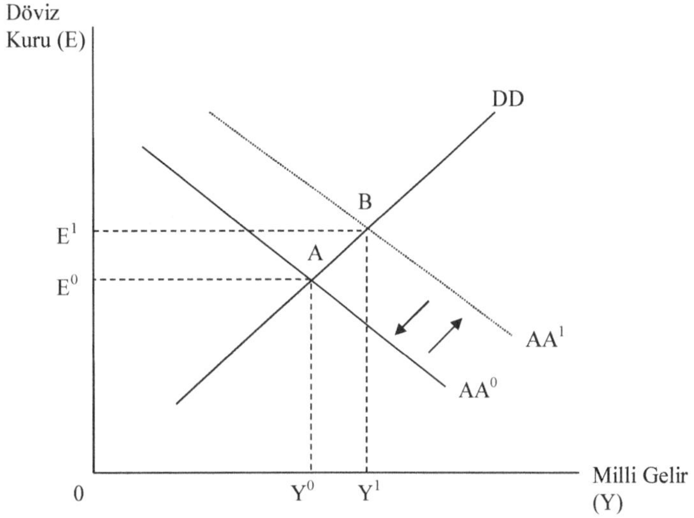

Kaynak: Krugman ve Obstfeld, 2000, s. 498.

Konu şekil 2.5. yardımıyla da şu şekilde açıklanabilecektir[45]. Döviz kurunun E^0, milli gelirin Y^0 olduğu vc ürün piyasası denge şedülü DD ile varlık piyasası denge şedülü AA'nın kesiştiği A noktasında denge sağlanmışken, para otoritesinin varlık satın alımı yoluyla para arzını artırması; varlık piyasası şedülünü AA^1 şeklinde sağa kaydırarak kurun E^1 'e yükselmesini gerektirecek ancak sabit kur sistemi uygulandığından ve

[44] Mundell, Capital Mobility, s. 479.
[45] Krugman ve Obstfeld, s. 497- 498.

tam sermaye mobilitesine bağlı olarak faiz oranları etkilenemediğinden yurt içi varlık ya da döviz satışı yoluyla para arzı daraltılarak kur eski düzeyine çekilecektir. Para arzı döviz satışı ile daraltıldığında bankanın rezervlerinde bir kayıp da söz konusu olacaktır. Ancak belirtmek gerekir ki, merkez bankasının faiz oranını etkileme gücüne sahip olması durumunda para politikasını iç denge amaçları doğrultusunda kullanabilecektir.

Hükümetin uygulayacağı genişletici bir maliye politikası ise, dış dengeyi hem cari işlemler hem de sermaye hesabı kanalıyla etkileyecektir. Örneğin kamu harcamalarındaki bir artış, tasarruf, gelir ve devletin vergi gelirleri ile birlikte ithalatı da artırıcı bir etki yapacaktır. Ortaya çıkan bütçe açığına eşit oranda ihraç edilecek menkul kıymetler özel kesim tarafından tasarruf artışına eşit bir oranda satın alınacaktır. Harcama artışı faiz oranını yükseltecek ve böylece artan sermaye girişi sermaye hesabını geçici de olsa düzeltici bir etki yapacaktır[46].

Sabit kuru korumak için bankacılık sistemi tarafından döviz satın alınarak rezervlerin artırılmasının yanında ithalatın gelire bağlılığı dolayısıyla ithalat artacak ve bu durum cari işlemler hesabını olumsuz yönde etkileyebilecektir. Öte yandan artan gelir ve talebin fiyatlar üzerinde yukarı doğru baskı oluşturması durumunda rekabet gücündeki kayıp dolayısıyla da cari işlemler olumsuz etkilenebilecektir.

Nitekim genişletici bir maliye politikasının açıklanmaya çalışıldığı şekil 2.6.'da ekonomi başlangıçta Y^1 gelir düzeyine karşılık gelen C noktasında dengede bulunmaktadır.

Hükümetin kamu harcamalarında yapacağı bir artış, DD^1 şedülünü sağa doğru kaydıracaktır. Yükselen faiz oranına bağlı olarak milli gelirin

[46] Mundell, Capital Mobility, s. 479.

Y^2 ‘ye yükselmesi ve ulusal paranın değer kazanması gerekecek; artan para talebinin ulusal paranın değer kazanmasına yol açmasını engellemek için merkez bankasının ulusal para karşılığı döviz satın alarak para arzını artırması gerekecektir[47]. Dolayısıyla AA^1 şedülü sağa doğru kaydırılacaktır. Yeni dengenin oluştuğu F noktasında hem ulusal gelir hem de merkez bankasının döviz rezervleri artmış olacaktır. Tersi bir durumda diğer bir deyişle daraltıcı maliye politikası izlenmesi durumunda ise gelir azalışına bağlı olarak para talebi ve faiz oranı gerileyecek, merkez bankasının ulusal paranın değer kaybını önlemek için döviz satışı rezerv kayıplarına yol açacaktır.

Şekil 2.6. Sabit Kur Sisteminde Maliye Politikası

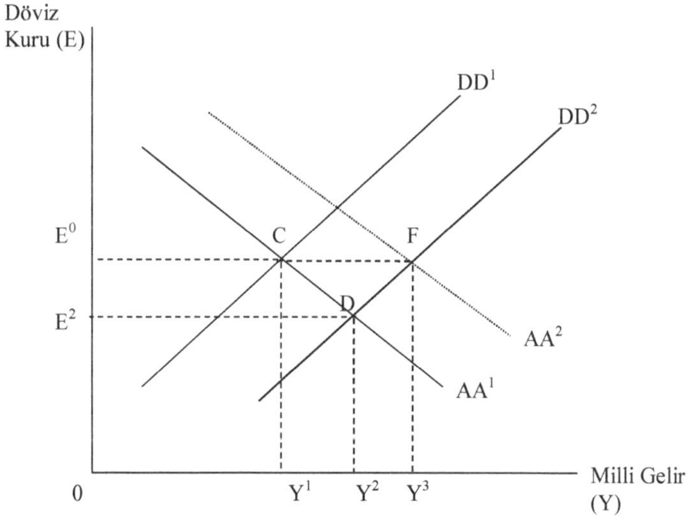

Kaynak: Krugman ve Obstfeld, 2000, s. 499.

---

[47]Krugman ve Obstfeld, s. 499.

Burada, önemli bir nokta da sabit bir kur sisteminde para arzını sabit tutmanın mümkün olmamasıdır. Çünkü izlenecek genişletici maliye politikasının yol açacağı sermaye girişi rezerv ve para arzı artışına; tersi bir politika ise rezerv ve para arzı azalışına yol açacaktır[48].

Para politikasının dış denge, maliye politikasının iç denge üzerinde görece olarak daha etkin olduğundan hareketle Mundell tarafından geliştirilen etkin piyasa sınıflandırması ilkesine göre söz konusu politikalar, daha etkin oldukları alanlarda kullanılmaları durumunda iç ve dış denge aynı anda sağlanabilecektir. Bu durum ise şekil yardımıyla şu şekilde açıklanabilecektir[49];

Şekil 2.7.'de dikey eksen bütçe durumunu; yatay eksen ise faiz oranını göstermektedir. Sadece bir para ve bütçe yada maliye politikası bileşimi iç ve dış dengeyi sağlayabilmektedir. FF' doğrusu dış dengeyi temsil etmekte, dış ödemeler dengesi bütçe fazlası ve düşük faiz oranının bir araya getirilmesi ile ya da bütçe açığının yüksek faiz oranı ile bir araya getirilmesi ile sağlanmaktadır. İlk ifade edilen durum, dengelenmeyi esas olarak cari işlemler, ikinci durum ise sermaye hesabı ağırlıklı olarak sağlamayı içermektedir. FF' doğrusu üzerinde her noktada dış denge sağlanmaktadır[50].

XX' doğrusu ise, iç dengeyi sağlayan bütçe ve para arzı bileşimlerini temsil etmekte ve enflasyonsuz bir tam istihdamın sağlanması için sıkı para politikasının genişletici bütçe politikası ile ya da sıkı bütçe politikasının genişletici para politikası ile bir arada uygulanmasını ifade etmektedir.

---

[48] Jacob A. Frenkel, Michael Mussa, Monetary and Fiscal Policies in an Open Economy, The American Economic Review, Vol. 71, No.2, (May 1981), s. 255.
[49] Walter, s. 412- 414.
[50] Walter, s. 412.

Ancak FF' doğrusundan farklı olarak iç ve dış dengeyi bir arada garanti eden tek bir para ve bütçe politikası bileşimi söz konusu olmaktadır. FF' doğrusunun sağ tarafındaki her nokta dış fazlayı; sol tarafındaki noktalar ise dış açığı temsil etmektedir. Yine, XX' doğrusunun sağ tarafındaki noktalar resesyonu, sol tarafındaki noktalar ise enflasyonu göstermektedir.

Şekil 2.7. Etkin Piyasa Sınıflandırması İlkesi'ne Göre Para ve Maliye Politikalarının Etkinliği

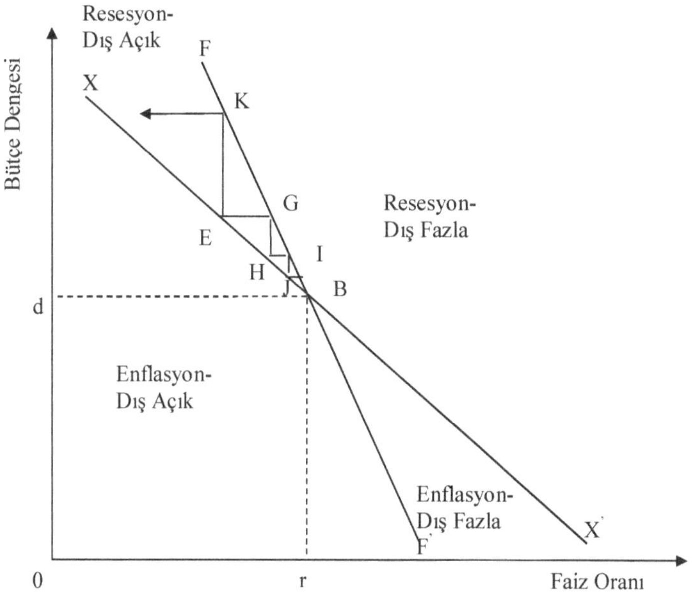

Kaynak: Walter, 1975, s. 413.

Buna göre, enflasyon dış açık ve resesyon dış fazla gibi dengesizlik durumlarında para ve maliye politikalarının her iki amaç içinde aynı yönde kullanılması iç ve dış dengeyi sağlamaya yetecektir. Ancak, enflasyon- dış fazla ve resesyon- dış açık gibi bir dengesizlik durumunda politikalar arasında zıtlık ortaya çıkacaktır.

Başlangıçta, ekonomi H noktasında ise, yani iç dengenin sağlanmasına karşın bir dış açık söz konusu ise dış açığa karşı daraltıcı maliye politikası izlenmesi ekonomiyi G noktasına getirecek dolayısıyla resesyon oluşacaktır. Resesyon için izlenecek genişletici para politikası ise ekonomiyi E noktasına getirecek ve dengeden gittikçe uzaklaşma sonucunu doğuracaktır. Ekonomi K noktasında olduğunda ise, dış dengenin sağlanmış olmasına karşın ekonomi resesyonda olacaktır. Böyle bir durumda politika uygulayıcılarının genişletici bir para politikası uygulaması, resesyonu ortadan kaldırırken dış açığa neden olacaktır[51].

Ancak, ekonomi K noktasında iken iç denge için genişletici maliye politikası uygulandığında E noktasına gelinecek; E noktasında iken dış dengeyi sağlamak için sıkı para politikası uygulandığında G noktasına ulaşılacak; bu noktada uygulanacak genişletici maliye politikası da ekonomiyi H noktasına taşıyacak ve sonuçta nihai dengeye gittikçe yaklaşılmış olunacaktır.

Mundell'in etkin piyasa sınıflandırması iç ve dış denge gibi iki temel amaç söz konusu olduğunda kur değişimine ya da dış ticaret ve ödemeler sistemi üzerine kısıtlamalar getirilmeksizin, para ve maliye politikası araçları kullanılarak sabit kur sistemi içerisinde belirtilen amaçlara ulaşılmasının mümkün olduğunu göstermektedir. Ayrıca, ekonomik büyüme gibi üçüncü bir amaç söz konusu ise ve bu amaç için örneğin uzun vadeli faiz oranı bir araç olarak kullanılabiliyorsa yine sistem sorunsuz işleyebilecektir. Ancak, uzun vadeli faiz oranı kısa vadeli faizlerden

---

[51] Walter, s. 413.

bağımsız olarak değiştirilemiyorsa yani dış denge için kısa vadeli faiz oranını yükseltip, büyüme için uzun vadeli faiz oranı düşük tutulamıyorsa bu durumda amaç ve araç sayısı arasındaki eşitlik bozulacak ve ticaret ve ödemeler üzerine kısıtlamalar getirilmesi zorunlu olabilecektir.

2.2. Esnek Kur Sistemi

Sabit kur sisteminin aksine esnek bir kur sisteminde ulusal paranın değeri tamamen piyasada oluşan arz ve talebe göre belirlenmektedir. Dolayısıyla gerek döviz piyasası gerekse de ödemeler bilançosu dengesinin döviz kurundaki değişme ile sağlandığı sistem uluslararası likidite ve ödemeler dengesi sorunlarının çözümünde ideal bir araç olarak kabul edilmektedir[52].

Sabit kur sisteminde döviz kurunun alt ve üst destekleme noktaları arasındaki değişimi dış dengesizliği gidermede yeterli olmadığı taktirde rezerv değişimi kaçınılmaz olurken; esnek kur sisteminde dengelenme döviz kuru değişimleri ile sağlandığından ve döviz arz ve talebindeki küçük oranlı değişmeler bile döviz kurlarına çok büyük oranda yansıdığından ulusal paranın değerinde sürekli dalgalanmalar söz konusu olabilecektir[53].

2.2.1. Esnek Kur Sisteminde Dış Dengelenme Mekanizması

Sabit kur sisteminde ödemeler bilançosunun denkleşmesinde gelir, faiz oranı ve fiyat değişmeleri etkili olurken, esnek kur sisteminde mal ve hizmetlerin nispi fiyatlarındaki uluslararası değişmeler, faiz oranlarındaki değişmelerin uluslararası sermaye akımları üzerine etkileri ve gelirlerdeki

---

[52] Richard E. Caves, Flexible Exchange Rates, The American Economic Review, Vol. 53, No. 2, 1963, (Flexible Exchange Rates), s. 120.
[53] Karluk, s.372.

değişimin ithalat üzerine etkisi gibi faktörler dış denkleşme eğilimini beraberinde getirecek ancak fiyat, faiz ve gelir etkisinin belirleyici role sahip olduğunun kabul edildiği sabit kur sistemlerindeki denkleşme mekanizmasından farklı olarak en önemli unsur olacaktır[54]. Benzer şekilde nispi fiyat değişmelerinin aksine gelir değişmeleri dengelenme sürecinde ters yönde bir etkiye sahip olacaktır. Belirtilen fiyat, gelir ve faiz etkileri aşağıda daha ayrıntılı olarak ele alınmıştır.

Esnek kur sistemlerinde döviz piyasasında ulusal paranın arzının talebini aşması ödemeler bilançosu açıklarına yol açmaktadır. Dış dengenin sağlanması için de ulusal paranın diğer ulusal paralar karşısında depresiasyonu (değer kaybı) ya da tersi durumda apresiasyonu (değer kazanımı) gerekmektedir. Ülkenin ulusal parasının depresiasyonundan beklenen ilgili ülke yerleşikleri açısından ithal malların daha pahalı hale gelerek ithalatın azalması; ve ülkede üretilen malların ticarette bulunulan diğer ülkeler açısından daha ucuz hale gelmesidir. Böylece ülkenin ihracatı artarken ithalatı azalacak ve dış denge sağlanabilecektir. Ancak bu durum ulusal paranın depresiasyonunun dış dengenin sağlanmasında ne ölçüde etkili olabileceği konusunu gündeme getirecek ve ithal elastikiyetleri ön plana çıkacaktır[55].

Ülkenin ihraç mallarının diğer ülkelerin ulusal paraları cinsinden fiyatlarındaki düşme uluslararası ticaret hadlerini aleyhine döndürecektir. Buna karşılık ülkenin ihraç mallarının dış talep elastikiyeti sıfırdan büyük ise ülkenin ihraç mallarının fiyatının ucuzlamasına karşın toplam ihracat geliri artabilecektir. Benzer şekilde ithal talep elastikiyetinin 1'den büyük olması durumunda ulusal paranın depresiasyonu ithalat harcamalarında bir

---

[54] Walter, s.383.
[55] Walter, s. 384- 388.

azalmayı beraberinde getirebilecektir. Esnek kur sisteminde dış denkleşmenin elastikiyetler yaklaşımı çerçevesinde açıklanmasında çoğunlukla Marshall- Lerner koşulundan yararlanılmaktadır.

Marshall- Lerner koşuluna göre ödemeler dengesi açık veren ülkede üretilen malların yabancı para cinsinden fiyatlarında ülkenin ithal ettiği malların ulusal para cinsinden fiyatlarına nazaran bir düşme iki ülkenin ithal malları talep elastikiyetleri toplamı 1'den büyük olduğu taktirde ödemeler bilançosunun denkleşmesine katkıda bulunabilecektir. Bu durum döviz piyasasının istikrarına ve dolayısıyla döviz kurunda daha küçük oranlı bir değişme ile dış denkleşmenin sağlanmasına imkan verebilecektir. Her iki ülkenin elastikiyetler toplamı 1'den küçük olduğunda ise dış açık veren ülkede ithal malların fiyatlarının yükselmesi nedeniyle ithal mallar için ulusal para cinsinden yapılan harcamalar ulusal para cinsinden ihracat gelirlerini aşacağından ödemeler dengesi açığı daha da büyüyecektir.

Devalüasyonun ödemeler dengesi üzerine etkisine ilişkin elastikiyet ve massetme yaklaşımlarının önemi ile ilgili tartışmalarda rol oynayan Laursen- Metzler etkisine göre ise, ticaret hadlerindeki bir kötüleşme reel geliri azaltmakta; reel gelirdeki azalma ise her bir gelir düzeyinde tasarrufları azaltmaktadır. Dolayısıyla sabit yatırım ve kamu açığının bulunmaması varsayımı altında tasarruftaki değişme cari işlemler fazlasındaki değişmeye eşit olmaktadır. Bu nedenle Laursen- Metzler etkisi, ticaret hadlerinin aleyhe dönmesinin cari işlemler hesabını da kötüleştireceği anlamını da taşıyacaktır[56].

---

[56] Lars E. O. Svensson, Assaf Razin, The Terms of Trade and the Current Account: The Harberger- Laursen- Metzler Effect, The Journal of Political Economy, Vol. 91, No. 1, 1983, 97- 125.

Elastikiyetler yaklaşımında devalüasyonun etkileri incelenirken devalüasyonun etkisini azaltan tersine çevirici nitelikli faktörler olarak yurtiçi gelir değişmeleri ile bunların fiyatlar ve üretim üzerindeki etkileri yok sayılmıştır. Şöyle ki, ilgili ülkede döviz kurundaki yükselmenin yurtiçi üretimi teşvik edici etkisinin bir sonucu olarak reel gelirde meydana gelecek bir artış, ithalatın da artmasını teşvik ederek kurdaki yükselmenin başlangıçtaki etkisini azaltıcı bir eğilim doğuracaktır. Benzer şekilde artan parasal gelirlerin yurtiçinde üretilen mallara olan talebi de artırması bu malların fiyatlarını yükseltici ve iç ve dış fiyatlar arasındaki farklılığı azaltıcı bir etki meydana getirerek kur değişiminin başlangıçtaki etkisini tersine çevirici nitelikte olabilecektir57. Bu durumda dengelenme için daha yüksek oranlı bir depresiasyon gerekli hale gelebilecektir.

Ödemeler bilançosu üzerinde pozitif yönlü etkili olan fiyat etkilerinin aksine daha güçlü bir negatif etki doğuran depresiasyonun gelir etkilerine yönelik sistematik bir yaklaşım, Alexander tarafından geliştirilen "Gelir Massetme Yaklaşımı"dır. Yaklaşıma göre, ihracat artışı ya da ithalattaki bir azalmanın dış denge üzerindeki olumlu etkisi çarpan mekanizmasıyla gelir artışını da teşvik edecektir. Gelirdeki artış aralarındaki bağlantıya bağlı olarak marjinal ithal eğilimi ölçüsünde ithalatı da teşvik edeceğinden olası bir depresiasyonun yol açacağı negatif gelir etkilerinin dış denge üzerindeki olumsuz etkileri marjinal tüketim eğilimi ve marjinal ithal eğilimine bağlı olacaktır[58].

Alexander'ın yaklaşımında belli bir dönemde parasal gelirlerde meydana gelen bir artış hem marjinal iddihar eğilimini hem de dış ticaret dengesinin marjinal kötüleşme eğilimini artıracaktır. Yaklaşımda tasarruf,

---

[57] Sidney S. Alexander, Effects of a Devaluation: A Simplified Synthesis of Elasticities and Absorption Approaches, The American Economic Review, Vol. 49, No.1, 1959, s. 22- 42.
[58] Walter, s. 419.

yatırıma gitmeyip iddihar edilen geliri ifade etmekte ve marjinal tasarruf eğilimi yerine marjinal iddihar eğilimi kullanılmaktadır. Depresiasyon sonucunda artan ihracatın yol açtığı gelir artışının sadece ithalatı artırmakla kalmayıp ihraç mallarının yurtiçi tüketime sokulmasına yol açarak dış dengesizliği bir de bu kanaldan artırabileceğinden marjinal ithal eğilimi yerine de dış ticaret dengesinin marjinal kötüleşme eğilimi kavramı kullanılmaktadır.

Marjinal iddihar eğilimi ile dış ticaret dengesinin marjinal kötüleşme eğilimini incelemek açısından parasal gelir artışının etkileri reel gelir etkileri ve fiyat etkileri olmak üzere ikiye ayrılmıştır[59]. Bunun için de, öncelikle istihdam edilemeyen kaynakların yoğun olduğu bir ekonomi varsayılmıştır. Böyle bir ekonomide harcamalardaki artış reel geliri artıracak fakat fiyatları yükseltmeyecek ve olumsuz gelir etkileri, dış ticaret dengesinde meydana gelen iyileşmeden daha küçük olacağından; gelir, massetme karşısında yükselerek dış ticaret bilançosunda net bir iyileşme söz konusu olacaktır[60]. Bu durum bir ülkenin net ithalat ya da ihracatını ifade eden ticaret dengesinin ulusal mal ve hizmet üretimi ile tüketim ve yatırım olarak ulusal massetme arasındaki farka eşit olması şeklinde ifade edilebilir. Bu nedenle eğer massetme üretimi aşarsa dış ticaret bilançosu negatif; üretim massetmeyi aşarsa dış ticaret bilançosu pozitif olacaktır.

Tam istihdama yakın seviyedeki bir ekonomide ise depresiasyon parasal gelirlerde bir artış ile sonuçlanacak, reel gelir değişmeyecek ve bu nedenle yurtiçinde üretilen malların fiyatları yükselme eğilimine girecektir. Dolayısıyla, gelirde herhangi bir artış olmaksızın sadece massetmede artışa yol açan bir depresiasyon marjinal iddihar eğilimi yükselmediği taktirde

[59] Alexander, s. 31.
[60] Walter, s. 419.

sadece dış ticaret bilançosunda kötüleşme sonucunu doğuracaktır. Yaklaşımda, olası bir depresiasyonun marjinal iddihar eğilimini yükseltebilmesinin koşulları ise Alexander tarafından şu şekilde sıralanmıştır[61];

Eğer para arzı esnek değilse ve para sahipleri veri reel nakit balansları korumak istiyorlarsa fiyatlar yükselip iddihara zorlanacaklar ve reel harcamalar azalacaktır.

Ücret artışları fiyat artışlarının karşısında gecikme eğilimine sahip olduğundan karlar ücretlerden daha hızlı yükselecek ve gelirin yüksek massetme eğilimine sahip gruplardan iddihar eğilimi yüksek olan gruplara yeniden dağılımı sağlanmış olacaktır.

Para yanılgısı etkisi ekonomik birimleri parasal gelirleri daha yüksek olsa bile daha yüksek fiyatlarda daha az tüketime yöneltecektir.

Bekleyişler, massetmede üretime nazaran artış ya da azalış ile sonuçlanacak bir rol oynayabilecektir.

Gelir ve fiyatların sabit kabul edildiği Massetme yaklaşımında Alexander, tam istihdam şartlarındaki bir ekonomide döviz kuru değişmelerinin ve buna bağlı olarak gelir etkilerinin üretim yerine fiyat artışları ile ihraç mallarının yurtiçi tüketime yönelmesi gibi bir sonuç doğurabileceğini belirtmiştir[62]. Dolayısıyla, tam istihdamda bulunan bir ekonomide tüketim ve yatırımı caydırmaya dönük olarak, sıkı kredi politikaları ile vergi artırımını savunmuştur. Depresiasyonla birlikte uygulanacak bu tip politikalar ihraç mallarının yurtiçi tüketime yönelmesi riskini azaltarak dış ticaret dengesine katkıda bulunabilecektir.

---

[61] Walter, s. 420.
[62] Alexander, s.32.

2.2.2. Esnek Kur Sisteminde Para ve Maliye Politikaları

Sabit kur sisteminin aksine döviz kurlarının piyasadaki arz ve talep koşullarına göre oluşumunun esas olduğu ve bu nedenle dış dengenin kur değişmeleri yoluyla otomatik olarak sağlandığı esnek kur sisteminde üzerinde durulması gereken temel sorun para ve maliye politikalarından hangisinin iç denge üzerinde daha etkin olacağı şeklini almaktadır. Örneğin, esnek kur sisteminde izlenecek para politikalarının iç denge üzerinde güçlü bir etkiye sahip olacağı Mundell tarafından ortaya konulmuştur [63]. Ancak para politikasının istihdam ve gelir düzeyi üzerindeki gücü faiz oranını değiştirmesinden değil sermaye kaçışının yol açtığı depresiasyona bağlı olarak ihracat artışından kaynaklanmaktadır.

Esnek kur sistemini para politikası uygulamaları açısından sabit kur sisteminden ayıran bir diğer nokta da para arzının yabancı para bileşeninin sabit olmasıdır. Şöyle ki, para talebi fonksiyonunun unsurlarında ya da para arzının yurtiçi kredi bileşeninde meydana gelecek bir değişme, dengenin para arzının yabancı para bileşeninde meydana gelecek ayarlanmalarla sağlanmasını imkansız hale getireceğinden döviz kurlarının dengelenmeyi sağlamaya yetecek ölçüde değişmesi gerekecek ve böylece para talebi ile para arzı dengeye ulaşabilecektir[64].

Buna göre sermaye mobilitesi ve menkul kıymetler arasında tam bir ikame olduğundan hareketle para otoritesinin açık piyasa işlemleri yoluyla yerli menkul kıymet alımı, para ve kredi hacmini genişleterek faiz oranları üzerinde aşağı yönlü bir baskı oluşturacaktır. Ancak ödemeler dengesi açığı

---

[63] Mundell, Capital Mobility, s. 478.

[64] Michael Mussa, The Exchange Rate, The Balance of Payments and Monetary and Fiscal Policy Under A Regime of Controlled Floating, Scandinavian Journal of Economics, Vol. 78, No. 2, 1976, s. 231.

ve döviz kurunun yükselmesine yol açacak bir sermaye kaçışı faiz oranının düşmesini engelleyecektir. Öte yandan, döviz kurunun yükselmesi, dış ticaret dengesini iyileştirerek gelir artışını teşvik edecek; gelir artışının yol açtığı para talebi artan para arzına eşitlendiğinde yeni bir dengeye ulaşılmış olunacaktır.

Para otoritesinin döviz piyasasında açık piyasa işlemleri şeklinde bir alternatif politika izleyerek ulusal para karşılığında döviz satın alarak para arzını genişletmesi durumunda ise parasal genişleme faiz oranları üzerinde yine aşağı yönlü bir baskı oluştururken bu durum sermaye kaçışına ve ödemeler bilançosu açığına neden olacaktır[65]. Ancak, döviz kurunun depresiasyonu ise ihracatı ve aynı zamanda çarpan etkisi ile gelir ve istihdamı artıracaktır. Sonuçta gelir artışı para talebini artırdığında daha önce olduğu gibi yeniden dengeye ulaşılmış; gelire artışına bağlı olarak artan tasarruf ve vergiler ile de sermaye kaçışı finanse edilmiş olunacaktır.

Mundell'e göre, bu sonuç yukarıda ifade edilen politikaya ilişkin sonuç ile aynı gibi görünmekle birlikte aralarında şöyle bir farklılık söz konusu olmaktadır: bir önceki para politikasında yerli varlıklarda bir artış söz konusu iken, döviz kuru politikasında bankaların yabancı varlıklarında bir artış ortaya çıkmaktadır. Ancak, döviz kuru politikası da aynen para politikası gibi esnek kur sisteminde çok güçlü bir istikrar politikası aracı olmaktadır[66].

Şekil 2.8.'de i, faiz oranını; e, döviz kurunu, XX doğrusu, döviz kuru veri iken gelir ile faiz oranı arasındaki ilişkiyi temsil etmekte ve iç denge sağlanmış bulunmaktadır. LL doğrusu benzer bir ilişkiyi para piyasası için

[65] Södersten ve Reed, s. 600.
[66] Mundell, Capital Mobility, s. 478.

kurmakta ve para piyasası dengesini temsil etmektedir. FF doğrusu ise dünya faiz oranının belirlediği dış denge durumunu ifade etmektedir. Şeklin alt bölümündeki XX doğrusu benzer şekilde iç dengeyi temsil ederken FF doğrusu da döviz kuru ve gelirin bir fonksiyonu olarak dış dengeyi, temsil etmektedir.

Şekil 2.8. Esnek Kur Sisteminde Para Politikasının Etkinliği

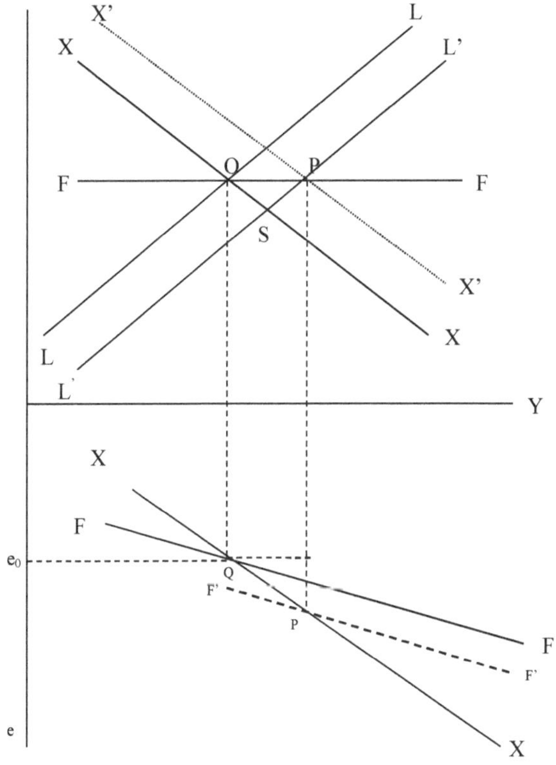

Kaynak: Mundell, 1963, s. 483.

İç denge ile birlikte dış denge ve para piyasası dengesinin Q noktasında sağlanmış olduğu bir ekonomide genişletici para politikası uygulanarak para arzının artırılması durumunda üst şekildeki LL doğrusu L'L' şeklinde sağa doğru kayacaktır. Başlangıçtaki faiz oranı ve gelir düzeyine göre bir likidite fazlasını ifade edecek bu durum sermaye çıkışını teşvik edecektir.

Sermaye çıkışı ile birlikte döviz kurunun yükselmesi (ulusal paranın değer kaybetmesi), sıfır olarak kabul edilen sermaye girişi ile bağlantılı FF doğrusunu F'F' şeklinde aşağı doğru kaydıracak; ulusal paranın depresiasyonu ticaret dengesinin iyileşmesi ile birlikte gelir ve istihdam düzeyini de yükseltmiş olacaktır. Buna bağlı olarak XX doğrusunun X'X' şeklinde sağa kayması ile birlikte dengenin yeniden sağlandığı P noktasında ticaret dengesi düzelmiş ancak sermaye girişi döviz kurunun yükselmesi sebebiyle azalmış olacaktır. Kısaca kur değişimine izin verilmesi sayesinde ulusal paranın değer kaybı karşılığında daha yüksek bir gelir düzeyinde yeniden denge sağlanmış olunacaktır.

Esnek kur sisteminde iç denge açısından maliye politikasının değerlendirilmesi durumunda ise şekil 2.9.'da belirtildiği gibi, kamu harcamalarının arttırılması şeklinde bir politika öncelikle faiz oranı ile gelir düzeyi arasındaki ilişkiyi temsil eden XX doğrusunu X'X' şeklinde sağa doğru kaydıracaktır. Sabit kur sisteminde böyle bir politika gelir ve para talebindeki artışa paralel olarak faiz oranını yükseltip ödemeler bilançosunun iyileşmesi ile birlikte para arzının artışını beraberinde getirecek ve FF doğrusu F'F' şeklini alacakken, esnek kur sisteminde para arzı sabit kalacak; ancak artan gelir ve para talebi faiz oranları üzerinde yukarı doğru bir baskı oluşturacaktır. Sermaye girişinin yine artış gösterdiği böyle bir durumda sabit kur sisteminden farklı olarak ulusal para değer kazanacak FF doğrusu F''F'' halini alarak R noktasında yeniden denge sağlanacaktır. Yeni denge noktasında ulusal para değer kazanmış, gelir ve istihdam seviyesi ise değişmemiş olacaktır[67].

Şekil 2.9. Esnek Kur Sisteminde Maliye Politikası

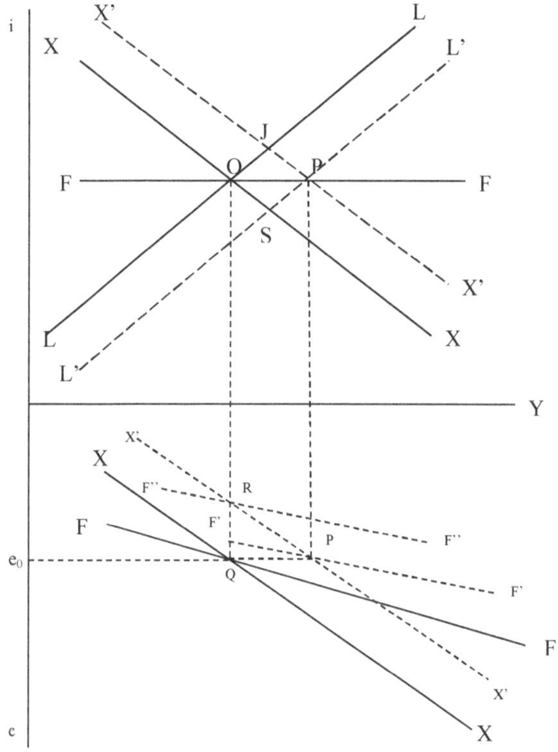

Kaynak: Mundell, 1963, s. 483.

[67] Mundell, Capital Mobility, s. 483

Esnek kur sisteminde maliye politikasının iç denge üzerinde güçlü bir etkiye sahip olabilmesi, sermaye mobilitesinin zayıf olmasına bağlı olacaktır. Çünkü böyle bir durumda genişletici maliye politikası ithalatı artıracak, ulusal para değer kaybedecek, sermaye akımları söz konusu olmadığından ulusal para cinsinden ticaret dengesi değişmeyecektir[68]. Bununla birlikte sermaye mobilitesi yüksek ise izlenecek genişletici bir maliye politikası sonucunda faiz oranındaki yükselme ile birlikte sermaye hesabında oluşacak bir fazlalıkla birlikte ulusal paranın değer kazanmasından dolayı cari işlemler dengesinde açık; ya da fazlalıkta bir azalma söz konusu olabilecektir.

Ancak, genişletici bir maliye politikasının iç denge üzerinde etkisinin çok net olmayabileceği de belirtilmelidir. Şöyle ki, ulusal paranın apresiasyonu sonucunda bozulan cari işlemler dengesi toplam talebin daralmasına neden olacaktır. Öte yandan sermaye mobilitesinin bulunduğu dışa açık bir ekonomide genişletici maliye politikası birbiriyle çatışan iki farklı etkiye de sahip olabilecektir. Bunlar, kamunun vergi gelirlerinde meydana gelecek azalma ya da kamu harcamalarında artış şeklindeki doğrudan etkisi ile cari işlemler dengesinin bozulması ve ulusal paranın apresiasyonu sonucunda toplam talepte meydana gelecek azalma şeklindeki dolaylı etki olacaktır. Net etkiyi ise bu iki etkinin büyüklüğü belirleyecektir.

Daraltıcı yönde bir maliye politikası izlendiğinde ise, azalan kamu harcamaları faiz oranlarını düşürücü bir etki gösterecek; bu durum sermaye girişini caydıracak ya da yurtiçi yatırımcıların yatırımlarını yurtdışına kaydırmalarına neden olacak ve döviz kuru yükselecektir. Bu durum

---

[68] Egon Sohmen, Fiscal and Monetary Policies Under Alternative Exchange Rate Systems, Quarterly Journal of Economics, Vol. 81, No.3, 1967, s.522.

sermaye hesabının kötüleşmesine karşılık cari işlemler hesabının düzelmesini sağlayacaktır. Genişletici maliye politikasındakine benzer şekilde kamu harcamalarındaki azalmanın toplam talebi azaltması şeklindeki doğrudan etki ile döviz kurundaki yükselmenin cari işlemler hesabında yol açtığı iyileşme şeklindeki dolaylı etkiden hangisi daha güçlü ise net etkiyi belirleyecektir.

Sonuç olarak, döviz kuru değişmeleriyle dış dengenin sağlandığı esnek bir kur sisteminde para ve maliye politikalarıyla iç dengenin sağlanması mümkün olabilecektir. Ancak, daha önce ele alındığı üzere para politikasının ulusal gelir düzeyini yükseltirken maliye politikasının gelir ve istihdam düzeyini etkilemedeki zayıflığı dikkate alındığında para politikasının iç denge açısından daha etkin olduğu kabul edilebilecektir.

Nitekim para ve maliye politikalarının geliri etkileme gücünün izlenen döviz kuru politikası ile sermaye mobilitesinin derecesine bağlı olduğu noktasından hareketle, sabit ve esnek kur sistemlerinde para ve maliye politikalarına ilişkin özetle şunlar söylenebilir[69]:

- Esnek bir kur sistemi altında sermaye mobilitesinin düşük olması durumunda maliye politikası daha etkin olabilecekken; sermaye mobilitesinin tam olması durumunda maliye politikası tamamen etkisiz olacaktır.
- Sabit bir kur sistemi altında, yüksek sermaye mobilitesi mevcut iken maliye politikası daha etkin olacak; ancak sermaye mobilitesi sıfır olduğunda tamamen etkisiz hale gelecektir.
- Yüksek sermaye mobilitesi mevcut ise, maliye politikası sabit kur sisteminde esnek kur sistemine nazaran daha etkin olacaktır.

[69] Södersten ve Reed, s.648.

- Esnek kur sistemi ve yüksek sermaye mobilitesi şartlarında para politikası daha etkin olmakla birlikte sermaye mobilitesi hiç olmadığında dahi para politikası etkin olmayı sürdürecektir.
- Döviz rezervlerindeki değişmelerin para arzı üzerine etkileri sterilize edilmediği sürece sermaye mobilitesi hangi düzeyde olursa olsun para politikası sabit kur sisteminde tamamen etkisiz olacaktır.

2.3. Karma Döviz Kuru Sistemleri

Katı bir sabit veya esnek kur sisteminin olumsuz yönlerinin azaltılarak her iki sistemin avantajlarının bir araya getirilmesi çabası ülkeleri, karma döviz kuru sistemlerini uygulamaya yöneltmiştir. Karma sistemler her iki sistemin temel bazı özelliklerini belli derecede bir araya getirmektedir. Sabit kur sisteminin esnekleştirilmesine dayalı karma sistemlerin bir kısmı gerektiğinde döviz kuru ayarlamalarına olanak tanımakta ancak bu ayarlamaların büyüklüğü ve sıklığı yönünden birbirinden ayrılmaktadır. Sabit kur sisteminin esnekleştirilmesine dayalı diğer bir karma sistem ise sabit kur sistemindeki alt ve üst destekleme noktaları arasındaki bantın genişletilmesini öngörmektedir.

Döviz kurlarının arz ve talep güçlerince piyasada belirlenmesine karşın para otoritelerinin zaman zaman müdahalesine konu olan karma sistemler ise kontrollü dalgalanma (managed floating) sistemleri olarak adlandırılmaktadır. Bu sistemlerde döviz kurlarının piyasada oluşması esas olmakla birlikte kurlardaki aşırı dalgalanmaların ticaret, finans ve yatırım faaliyetleri üzerinde doğurabileceği olumsuzlukların önüne geçebilmek açısından piyasaya müdahale edilmesi söz konusu olmaktadır. Aşağıda bu sistemler olası avantaj ve dezavantajları ile birlikte ele alınmaya çalışılmıştır.

2.3.1. Sabit Kur Sistemine Esneklik Kazandıran Karma Kur Sistemleri

Büyük oranlı kur ayarlamalarına olanak tanıyan Ayarlanabilir Sabit Kur Sistemi, 1944 yılındaki Bretton Woods konferansı sonrasında gündeme gelmiş; gerek 1929 yılındaki büyük ekonomik kriz ile sona eren ve katı bir sabit kur sistemi olan altın standardının başarısızlığı ve gerekse de daha sonraki esnek kur sistemi uygulaması ile birlikte yaygınlık kazanan rekabetçi kur ayarlamalarının yol açtığı sorunlar karşısında bir çözüm olarak uygulamaya konulmuştur.

Sistemde ülke paralarının birbirine bağlanarak uluslararası ticaret ve finansal işlemlerin daha kolay yürütülebilmesi için istikrarlı döviz kurlarının sağlanması temel özelliği oluşturmaktadır. Ülkeler ulusal paraları ile ABD Doları arasındaki pariteyi dar bir bant sınırları içerisinde tutmakla yükümlü olup; para otoriteleri, hedeflenen kur ile denge döviz kuru arasında bir uyumsuzluk söz konusu olduğunda kur ayarlamalarına başvurarak hedef kuru değiştirebilmekte; ancak bu ayarlamalar daha önce de belirtildiği gibi seyrek ve büyük oranlı olacağı gibi sermaye kontrolleriyle de desteklenebilmektedir[70].

Ödemeler bilançosunun uzun dönem denge koşullarından uzaklaşması durumunda otoriteler, ulusal parayı devalüe ya da revalüe ettikten sonra yeniden sabitleyecektir. Ancak sistemde esas olan ödemeler bilançosu dengesizlikleri karşısında öncelikle mevcut paritenin

[70] George S. Tavlas, The Economics of Exchange-Rate Regimes: A Review Essay, The World Economy, Vol. 26, No. 8, 2003, (Economics of Exchange), s. 1219.

sürdürülmeye çalışılması ve dış dengesizlikler karşısında para ve maliye politikalarının kullanılmasıdır. Sistemin avantajı, ekonomi politikası uygulayıcılarına iç ve dış dengenin birlikte sağlanmasında para ve maliye politikalarının yanı sıra döviz kuru ayarlamalarını (devalüasyon ve revalüasyon) bir politika aracı olarak kazandırmasıdır. Buna karşılık ulusal paranın değerinin değiştirilebilmesinin temel dengesizlik şartına bağlanması ve temel dengesizliğin uzun yıllar boyunca süregelen büyük hacimli fiili ya da potansiyel dış açık ya da fazlalığı ifade etmek için kullanılmakla birlikte tam bir tanımının olmaması bir sorun olarak ortaya çıkmaktadır[71].

Çoğu zaman, devalüasyonun izlenen ekonomi politikalarının başarısızlığına ve uluslararası alanda ülkenin prestij kaybına neden olduğunun düşünülmesi sebebiyle kaçınılmaya çalışılmasının dış rekabet gücünü olumsuz yönde etkilemesi mümkün olmakta, denge döviz kurunun tahminindeki güçlükler devalüasyon ya da revalüasyon oranının belirlenmesini de güçleştirmektedir[72].

Ülkelerin değişen oranlarda kambiyo kontrollerini kaldırarak finans piyasalarını gittikçe serbestleştirmesi, zayıf para birimlerini uluslararası sermaye akımları karşısında daha kırılgan bir konuma getirerek özellikle spekülatif saldırılar karşısında sistemi daha da sürdürülmesi zor bir noktaya getirmiştir. Şöyle ki, döviz kuru belirlenen bant sınırına ulaştığında sistemin içerdiği esneklik kaybolarak katı bir sabit kur sistemi görünümünü almakta ve böyle bir durumda zayıf paralara yönelik istikrar bozucu spekülatif faaliyetler hız kazanarak yapılan bir devalüasyonun ardından

---

[71] Salvatore, s. 663.
[72] Robert J.Carbaugh, International Economics, Eighth Edition, South- Western Publishing Company, USA, 2002, s. 484.

zayıf paranın daha da değer kaybedeceği beklentisiyle gerçekleştirilen spekülasyon faaliyetleri sonucu mevcut kurlar sürdürülemeyebilmektedir.

Döviz kuru ayarlamalarının mümkün olduğu bir sabit kur sisteminde para otoritelerinin hedeflenen kuru savunmak için öncelikle döviz rezervlerini kullanmaları beklenmektedir. Ancak, çoğu zaman merkez bankalarının yeterli rezervlere sahip olmalarına karşın döviz piyasalarındaki spekülatif saldırılar karşısında çaresiz kaldıkları görülmüştür. Bu durum büyük ölçüde otoritelerin sadece belirlenmiş döviz kuru hedefine odaklanarak diğer ekonomi politikası amaçlarını gözden çıkarabilmelerinin mümkün olamamasından kaynaklanmaktadır.

Örneğin, merkez bankasının spekülasyona karşı koyabilmek için kısa vadeli faiz oranını yükseltmeye dayalı bir politika izlemesi, bankacılık sistemine zarar verdiği gibi, yatırım, istihdam, gelir dağılımı ve kamu gelirleri üzerinde de olumsuz etkiler doğurmaktadır. Eğer merkez bankası spekülatörleri faizlerin normal seviyeye indirileceğine inandıramazsa kısa vadeli faiz artırımı da sonuçsuz kalmakta ve devalüasyon kaçınılmaz olmaktadır[73].

Sabit kur sistemine esneklik kazandırılmasına dayalı diğer bir ara sistem ise sürünen pariteler (crawling pegs) sistemi olup; döviz kurlarındaki ani yüksek oranlı ayarlamaların meydana getirebileceği olumsuzluklardan kaçınmak ve yukarıda da ifade edilen istikrar bozucu spekülasyon riskini en aza indirmek için uygulanması savunulmaktadır. Sistemde ayarlanabilir kur sistemindekinin aksine döviz kuru ayarlamaları gelecekteki fiyat bekleyişlerini etkilemeye dönük olarak, önceden ilan

[73] Maurice Obstfeld; Kenneth Rogoff, The Mirage of Fixed Exchange Rates, The Journal of Economic Perspectives, Vol. 9, No. 4, 1995, (Mirage of Fixed Exchange), s. 8-9.

edilen oranlarda ve daha sık aralıklarla gerçekleştirilmektedir ki bu sisteme "aktif sürünen pariteler" de denmektedir. Buna karşılık kur ayarlamalarının geçmiş enflasyon farklılıklarına dayalı olarak yapıldığı sisteme ise "pasif sürünen pariteler" denmektedir[74].

Sistemde döviz kurlarının ülkedeki enflasyon oranına göre sıklıkla ayarlanabilmesi ulusal paranın aşırı değerlenmesinin ve bu durumun dış denge üzerindeki olumsuz etkilerinin daha çabuk bertaraf edilebilmesini sağlayabileceği gibi, büyük oranlı ve ani devalüasyonlara gereksinimi de azaltabilecektir. Nitekim sistemin, gerek katı sabit kur ve gerekse de esnek kur sistemine göre temel avantajı, para politikasını ekonomik istikrar; döviz kurunu da enflasyonu kontrol etmek ve dış ticarette fiyat avantajını sürdürmek için bir araç olarak sunmasıdır. Öte yandan sistemde merkezi kurdaki sık ayarlanmalar asimetrik reel şoklar ya da enflasyon farklılıklarından kaynaklanan problemler ile karşılaşan ülkeler için avantajlı olabilecektir[75]. Ancak, döviz piyasasında ulusal paraya karşı bir spekülatif saldırı olduğunda ve döviz kuru önceden belirlenen bantın üst sınırına ulaştığında merkez bankası döviz rezervlerini kullanarak ulusal para satın almak zorunda kalacağından sistemin esnekliği ortadan kalkarak katı bir sabit kur sistemine dönüşecektir[76].

Para otoritelerinin ayarlanabilir sabit kur sistemi ya da sürünen pariteler sisteminde olduğu gibi, belli bir döviz kuru hedefi belirlemek yerine döviz kurunun sınırları daha geniş olarak belirlenmiş bir bant içerisinde serbest olarak dalgalanmasına izin verdikleri sisteme "geniş

---

[74] Tavlas, Economics of Exchange, s. 1219.

[75] George S. Tavlas Reviewed work(s): The Crawling Band as an Exchange Rate Regime by John Williamson, The Economic Journal, Vol. 108, No. 451 (1998), s. 1896

[76] James Tobin, Financial Globalization, World Development, Vol. 28, No. 6, June 2000, s. 1102.

sınırlı bant sistemi" (wideband) denilmekte ve söz konusu sistem için "hedef bölgeler" (target zones) kavramı da kullanılmaktadır. Sistemin temel avantajı, döviz kurlarına ilişkin belirsizliği ortadan kaldırarak sabit kur sisteminin istikrarı ile bantın genişliğine bağlı olarak esnekliği bir araya getirebilmesidir. [77]

Bu sistemde, dış denge ve rekabet gücünün korunabilmesi açısından merkezi paritenin enflasyon farklılığı ve diğer ekonomik değişkenlerle bağlantılı olarak değiştirilmesi mümkün olup, bantın genişliği ise ülkelere ya da uluslararası anlaşmalara göre değişiklik gösterebilecektir.

Sistemin bir diğer avantajı da bant genişliğinin büyüklüğü ölçüsünde rezerv kullanma gereksiniminin o derece az olması ve döviz kurlarının bant içerisindeki serbestçe dalgalanabilmesinin sermaye hareketlerinin serbestleşmesiyle birlikte önem kazanan istikrar bozucu spekülatif faaliyetlere ve dış şoklara karşı bir güvence oluşturmasıdır [78]. Ülkenin enflasyon oranının diğer ülkelere nazaran daha yüksek olması halinde bantın genişletilerek ya da merkezi paritenin belli aralıklarla değiştirilerek ulusal paranın aşırı değerlenmesi önlenebilecek ve rekabet gücü de korunabilecektir. Bu tip bir bant ya da hedef bölge sisteminin ana amacı denge reel döviz kuru ile fiili reel döviz kuru arasındaki eşitliği sürdürmek olacaktır[79].

---

[77] Kavram ilk defa Bergsten- Williamson (1983) tarafından esnek kur sisteminde döviz kurlarında meydana gelen aşırı dalgalanmaların ekonomide yol açtığı olumsuzluklar ile mücadele edebilmek için hükümetin döviz kurlarının oluşumunda aktif rol alması gerektiği düşüncesinden hareket ile geliştirilmiştir. Bergsten C. Fred., John Williamson, Exchange Rates and Trade Policy, In Trade Policy in the 1980s, edited by W. R. Cline, Institute for International Economics, 1983, s. 99- 120.

[78] Sebastian Edwards, Miguel A. Savastano , Exchange Rates in Emerging Economies: What Do We Know?, What Do We Need To Know?, NBER Working Paper 7228, July 1999, (Emerging Economies), s. 7.

[79] Tavlas, Economics of Exchange, s. 1220.

Döviz kurunun bantın sınırına ulaşması durumunda katı bir sabit kur sisteminin olumsuz yönleri bu sistemde de kendini gösterebilecektir. Bant için uygun genişliğin ne olduğunun ve merkezi paritede yapılacak değişikliklerin zamanlamasının ve büyüklüğünün net olarak bilinmemesi belirsizliği artıracaktır. Belirsizliğin piyasada yol açabileceği spekülatif hareketler faiz oranlarının da oynaklığını artırabilecek ve ekonomik istikrar olumsuz yönde etkilenebilecektir.

2.3.2. Esnek Kur Sistemine İstikrar Kazandıran Karma Kur Sistemleri

Ayarlanabilir sabit kur sisteminde döviz kuru ayarlanmalarının belli aralıklarla ve çoğu zaman gecikmeli olarak gerçekleşmesi uluslararası sermaye mobilitesindeki artış ile birlikte spekülatif saldırılar için elverişli bir ortam meydana getirmekteydi. Çünkü sistem, çoğu zaman sermaye hareketleri üzerine konulan kısıtlamalara rağmen ulusal paranın beklenen devalüasyondan önce eş anlı olarak satılıp devalüasyondan sonra tekrar satın alınmasına dayanan başarılı bir spekülasyon mekanizması oluşturmakta ve merkez bankaları önemli rezerv kayıpları ile karşılaşmaktaydı [80]. İşte bu nedenle önceki dönemde yaşanmış olan problemlerin tekrar yaşanmasını önlemeye dönük olarak gerektiğinde hükümet müdahalesine dayanan ve döviz kurlarının piyasadaki sürekli gelişmeler karşısında gecikmeksizin ve küçük oranlarda değişmesini de kapsayacak şekilde Bretton Woods sistemi yerine kontrollü dalgalanma sistemine geçilmiştir.

[80] Richard N. Cooper, Exchange Rate Choices, Conference Series, Federal Reserve Bank of Boston, Issue June, 1999, s. 103.

Hükümetlerin döviz kurlarına yönelik müdahalelerinin söz konusu olduğu bu sisteme kontrollü dalgalanmanın yanı sıra kirli dalgalanma da denmekte olup; dalgalanmalardaki kirliliğin derecesi döviz kurlarını denge değerinden uzakta tutmak için yapılan müdahalelerin büyüklüğüne bağlı olmaktadır. Sistemde kurların yapılan müdahalelerle denge değerinden uzak tutulması makro ekonomik istikrar ya da kurların yapay olarak yüksek tutularak ihracatı teşvik edip ithalatı caydırmak gibi amaçlardan kaynaklanmaktadır[81].

Döviz kurlarına yönelik müdahalelerin yoğunluğu sistemi sabit kur sistemine yakınlaştırırken, azlığı da esnek kur sistemine yakınlaştırmakta ve nihai amaç döviz kurlarındaki aşırı dalgalanmalardan korunmak olmaktadır. Para otoritesi piyasada yabancı paraya dönük aşırı talep söz konusu olduğunda kurlardaki uzun dönemli eğilimleri değiştirmeksizin döviz rezervlerini satarak bu talebi gidermekte ve ulusal paranın depresiasyon oranını azaltmakta, buna karşılık aşırı döviz arzı durumunda da döviz satın alarak ulusal paranın apresiasyon oranını azaltmaktadır.

Sistemde, bazı ülkelerin ödemeler dengesi fazlası vermek ya da mevcut dış fazlayı sürdürmek amacıyla döviz kurlarını yapay olarak yüksek tutmaları diğer ülkelerin sürekli dış açık vermelerine ve buna bağlı misillemelere yol açabilmektedir ki böyle bir durum uluslararası ticareti olumsuz yönde etkileyebilecek ya da dış açık veren ülkelerin sermaye ithali yoluyla dış dengeyi sağlamalarını zorunlu kılabilecektir.

[81] Walter, s. 346.

2.4. Sabit Ve Esnek Kur Sistemlerinin Genel Değerlendirmesi

Döviz kuru sistemleri içerisinde geri dönülmez biçimde sabitlenmiş kurlar ile tamamen esnek kur sistemleri olası iki uç örneği temsil etmekte ve analizlerde bu basit uç örneklerin üzerinde yoğunlaşılması, literatürde döviz kuru sistemlerine ilişkin kredibilite ve esneklik gibi temel amaçlar arasında var olan önemli çelişkilerin ele alınmasından kaynaklanmaktadır[82]. Şöyle ki sabit döviz kurlarının sürdürülebilmesi belli bir süre (genellikle dört ay) ithalatı karşılamaya yetecek döviz rezervinin bulunmasını gerektirmekte; buna karşılık tamamen esnek bir kur sisteminde döviz kurları, sermaye akımları ve dış ticaret tarafından piyasa koşullarında arz ve talebe dayalı olarak oluşmaktadır[83]. Söz konusu iki uç sistem arasında çok sayıda karma döviz kuru sistemleri bulunmaktadır. Ancak karma sistemlerin incelenmesine geçmeden önce iki uç sistemin avantaj ve dezavantajlarından bahsedilmesi yararlı olabilecektir.

2.4.1. Sabit Kur Sisteminin Avantaj ve Dezavantajları

Sabit kur sisteminin niteliği gereği döviz kurlarına ilişkin belirsizliği azaltması ya da ortadan kaldırması sistemin avantajlarından birisini oluşturmaktadır. Çünkü, döviz arz ve talebinde ortaya çıkacak günlük değişmelere bağlı olarak kurlarda ortaya çıkacak öngörülemeyen oynaklık (volatilite), ülkenin üretimde uzmanlaşma derecesini azaltabileceği gibi dış ticaret akımları ve yatırımlar üzerinde caydırıcı olabilecek84; döviz arz ve talep eğrilerinin nispeten inelastik olması durumunda da döviz kurlarındaki söz konusu dalgalanmalar büyük oranlı olabilecektir[85]. Böyle bir durumda

---

[82] Edwards ve Savastano, Emerging Economies, s. 5.
[83] Harrigan, s.207.
[84] Obstfeld ve Rogoff, Mirage of Fixed Exchange, s.76.
[85] Salvatore, s. 649.

ülkenin ulusal parasını büyük bir ülkenin ulusal parasına bağlaması kur riskini ortadan kaldıracak; hatta ülkenin bir adım daha ileri giderek diğer bir ülkenin ulusal parasını kendi parası olarak kullanmaya başlaması işlem maliyetlerini ortadan kaldırarak dış ticaret ve yatırımları daha da teşvik edebilecektir.

Ancak, döviz kurlarının sabitlenerek kurlara istikrar kazandırılması konusuna teorik analizlerde genellikle şu nedenlerden dolayı şüphe ile yaklaşılmaktadır [86]. Döviz kurlarındaki belirsizlik ancak temel bazı ekonomik göstergelerdeki değişkenliğin bir göstergesi olup; ekonomide yapısal olarak mevcut olan bir dengesizlik döviz piyasasında baskı altına alınırsa fiyatlar genel düzeyi gibi başka bir değişken üzerinde kendisini gösterebilecektir. Ayrıca döviz kurlarındaki aşırı oynaklıktan (volatilite) olumsuz olarak etkilenen dış ticaretle uğraşanlar ve döviz cinsi borçlanan kesimler vadeli piyasalar yoluyla söz konusu riskten korunabileceklerdir. Üçüncü olarak da döviz kurlarındaki artan oynaklığın ticaret üzerindeki zıt yönlü istatistiksel etkisini ampirik olarak gösterebilmenin zorluğuna işaret edilmektedir.

Ancak, Frankel'e göre, döviz kurlarındaki oynaklık ile temel makro ekonomik değişkenler arasında bağlantı olmadığı gibi gelişmekte olan ülkelerde vadeli piyasalar yoluyla kur riskini "hedge" etme (giderme) imkanı olmayabilmekte ve döviz kurlarındaki değişkenliğin dış ticareti olumsuz etkilediği son dönemde yapılan ekonometrik çalışmalarda net olarak gözükmektedir[87].

[86] Jeffrey A. Frankel, Experience of and Lessons from Exchange Rate Regimes in Emerging Economies, NBER Working Paper Series, Working Paper No. 10032, 2003, (Experience and Lessons), s. 9.
[87] Frankel, Experience and Lessons, s. 10.

Özellikle dış dengesizliklerin geçici bir niteliğe sahip olması durumunda kur değişmeleri yerine rezerv değişmelerine başvurulması daha avantajlı olabilecektir. Öte yandan döviz kurlarındaki aşırı volatilite gerek firmaların gerekse de işçilerin kendi hükümetlerinden ithalata karşı koruyucu önlemler talep etmelerini beraberinde getirebilecektir.

Sabit bir kur sisteminden beklenen bir diğer fayda ise fiyat istikrarı yönünden ortaya çıkmaktadır. Şöyle ki, ulusal para, enflasyon oranı düşük olan bir ülkenin parasına bağlanarak; hükümetlerin aşırı bütçe açıklarından ya da özel kesimin ücret ve fiyat politikalarından kaynaklanan enflasyonist baskıların önüne geçilebilecektir. Çünkü böyle bir politika ile hükümetler, keyfi bütçe politikaları izlememe yükümlülüğü altına girdiklerini ilan etmiş olacaklardır. Ayrıca uzun süren bir fiyat istikrarsızlığı deneyimine sahip ülkelerde sabitlenmiş döviz kurları, uluslararası ticarete konu olan malların fiyatlarının çapalanmasını beraberinde getirerek özel kesimin enflasyon bekleyişleri açısından bir rehber görevi görebilecektir[88].

Gelişmekte olan ülkelerde diğer ülkelere nazaran daha yüksek bir enflasyon oranına sahip olma eğilimi bulunduğu kabul edildiğinde; bu tip ülkelerde sabitlenmiş döviz kurları gerçekten enflasyonu kontrol altına alabilmek için bir çapa işlevi görebilecektir. Örneğin, para arzının yurtiçi bileşeninin bütçe açıklarının kapatılması amacıyla artırılması talep çekişli bir enflasyonist süreci başlatarak dış ticarete konu olmayan malların fiyatlarının ticari mallara nazaran yükselmesini beraberinde getirecektir.

İhracatın azalıp; ithalatın arttığı böyle bir durumda ödemeler bilançosunun açık verip döviz rezervlerinin azalması para arzının yabancı bileşenini ve dolayısıyla enflasyonist baskıları da azaltacaktır. Çünkü,

[88]Frankel, Experience and Lessons, s. 9.

nominal döviz kurlarının sabit tutulması reel döviz kurunu yükselterek yurtiçi talebin reel değerini azaltacaktır. Nitekim yurtiçi fiyat artışlarını frenlemesi sebebiyle sabit döviz kurları çapa olarak adlandırılmakta ve bütçe üzerindeki harcama yönlü baskılar sebebiyle maliye ve para politikalarında disiplinin sağlanamadığı gelişmekte olan ülkelerde çapa argümanı sabit kur rejimini desteklemek amacıyla ön plana çıkmaktadır[89].

Sabit kur sisteminin bir diğer avantajı da ülkelerin dış ticarette üstünlük sağlamaya dönük bir araç olarak döviz kurlarının depresiasyonunu kullanmaktan vazgeçmeleridir. Çünkü bütün ülkelerin diğerleri karşısında avantaj elde etmek amacıyla parasını devalüe ettiği bir ortamda devalüasyon, pek çok ülke için bir fayda sağlayamayacak; bir ülkenin parasını devalüe etmesi ise diğer ülkelerin ödemeler bilançosu üzerindeki baskıyı artıracaktır. Bu nedenle sabit kur sistemi ülkelerin izledikleri makro ekonomik politikaların koordinasyonunu da zorunlu hale getirecektir.

Sabit kur sisteminde döviz kurlarına yönelik spekülasyon faaliyetlerinin esnek kur sistemine nazaran daha istikrar sağlayıcı olduğu da sistemi savunanlar tarafından ileri sürülmektedir. Buna göre, spekülatörlerin döviz kuru yükselirken daha fazla yükselmeyeceği beklentisiyle ulusal para satın almaya başlamaları spekülasyonun istikrar sağlayıcı nitelikte olmasını sağlarken; aksine döviz kuru yükselirken daha da yükseleceği beklentisiyle döviz satın alımını hızlandırmaları ise spekülasyonu istikrar bozucu bir niteliğe sokacaktır ki bu durum döviz kurlarındaki dalgalanmaları artırarak uluslararası işlemlerdeki risk ve belirsizliği de artıracaktır. İşte bu tip spekülatif hareketler döviz

89 Harrigan, s. 208.

kurlarındaki döngüsel dalgalanmaları artıracaktır. Bu durum aşağıda şekil 2.10 yardımıyla da açıklanmaya çalışılmıştır[90].

Şekilde bir birim yabancı para birimi karşılığı ulusal para birimi olarak döviz kuru, "e" simgesi ile gösterilmiştir. Döviz kurunun uzun dönem denge değeri etrafındaki spekülatif olmayan dalgalanmaları R eğrisi ile gösterilmiştir. Döviz kurunun A noktasından B noktasına doğru yükselmesi, spekülasyonun istikrar bozucu nitelikte olması durumunda spekülatörleri kurların daha da yükseleceği düşüncesiyle yabancı para satın almaya teşvik edecektir. Böylece spekülatörler kurlar B noktasında iken daha sonra düşük bir fiyattan satın alma beklentisiyle ulusal para satarak döviz kurlarını olması gereken C noktasının ötesine taşıyacaklardır.

Ulusal para ters yönde hareket ederek değer kazanmaya başladığında ise spekülatörler döviz kuru D noktasında iken daha da düşeceğini bekleyerek gelecekte yüksek bir fiyattan satmak için ulusal para satın almaya başlayacaklardır. Bu nedenle döviz kuru olması gereken E noktasının altına inecektir ki bu durum (istikrar bozucu spekülatif işlemler) R' doğrusu ile gösterilmiştir.

Buna karşılık spekülasyon faaliyetlerinin R'' doğrusu ile gösterildiği gibi istikrar kazandırıcı bir niteliğe sahip olması durumunda; örneğin A noktasından B noktasına ulaşıldığında spekülatörler, ulusal paranın yeterince değer kaybettiğini düşünerek satın almaya geçeceklerdir. Böylece döviz kurlarındaki döngüsel hareketler azaltılmış ve hatta döviz kurlarına R doğrusu ile ifade edilen normal seyrine göre daha fazla istikrar kazandırılmış olunacaktır.

[90] Appleyard ve Field, s.717- 718; Södersten ve Reed, s. 645- 646.

Şekil 2.10: Spekülasyonun Döviz Kurlarındaki Döngüsel Dalgalanmalara Etkisi

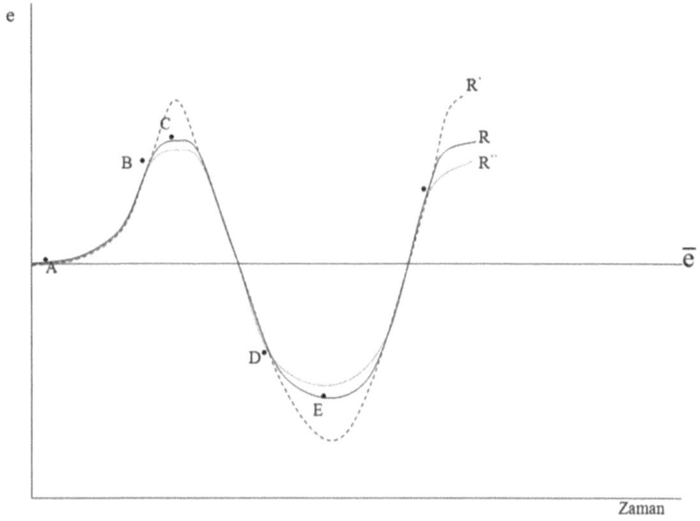

Kaynak: Appleyard ve Field, 1992, s. 717.

Ancak kur sistemlerinin spekülasyon faaliyetleri konusundaki olası avantajlarına ilişkin görüş birliği olduğunu belirtmek zor olacaktır. Şöyle ki, esnek kur sistemini savunanlara göre bir paranın pahalı iken satın alınıp, ucuz iken satılması spekülatörlerin zarar etmelerine yol açacağından dolayı spekülatörler açısından rasyonel olacak tavır, parayı denge değerlerinin altında iken alıp; denge değerinin üzerinde iken satmaktır ki böyle bir durumda spekülatif faaliyetler zaten istikrara yönelik olmuş olacaktır. Ancak bu sonucun da her zaman doğru olduğunu söylemek mümkün olmayabilecektir. Çünkü, her ne kadar piyasaya ilişkin ortaya çıkan yeni bilgi ve haberler kimi spekülatörlerin faaliyetleri ile döviz kurlarını istenen yönde hareket ettirse de diğer spekülatörlerin ortaya çıkan yeni bilgi yerine diğerlerinin işlemlerine dayalı olarak hareket etmeleri durumunda döviz kurları olması gereken düzeyi aşabilecektir[91].

Son olarak belirtmek gerekir ki, sabit bir kur sisteminde döviz kurları uygulanan bantın üst sınırında ise ve rezervlerin harcanmasına bağlı olarak ulusal paranın devalüe edilme olasılığı yüksek olarak görülüyorsa sabit kur sistemi istikrar bozucu spekülasyonu teşvik ederek; para otoritesini sabit pariteyi sürdürebilme konusundaki gücünü spekülе eder bir duruma sokacaktır[92].

Sabit kur sistemine yönelik eleştiriler kısaca şu noktalar üzerinde toplanmaktadır. Öncelikle, para otoriteleri sabit bir kur sisteminde para arzı üzerinde tam bir kontrole sahip olamayacaklar; diğer bir deyişle ülkeler aynı para arzına sahip olacaklarından para arzının yurtiçi bileşenini kontrol edebilmekle birlikte yabancı para bileşenini oluşturan dış rezervleri tam olarak kontrol edemeyeceklerdir. Bu durum özellikle ülkeye dış alemden sermaye akımlarının yoğun olması durumunda otoritelerin para politikası uygulamalarında bağımsızlıklarını kaybetmeleri anlamını taşıyacaktır[93].

Sabit kur sisteminde ülkelerin yüksek istihdam ve büyüme gibi iç denge amaçlarını dış denge amacı karşısında geri plana itmek zorunda kalmaları bir diğer eleştiri konusunu oluşturmaktadır. Şöyle ki, ülkeler her ne kadar kısa dönemde iç denge amaçları için rezervlerini kullanarak ödemeler dengesi açıklarını finanse edebilseler de belli bir süre sonra döviz rezervleri tükenme noktasına gelecek ve daraltıcı para ve maliye politikaları zorunlu hale gelebilecektir. Özellikle halen ülkede işsizlik oranı

---

[91] Harry G. Johnson, The Case For Flexible Exchange Rates, Hobart Papers No. 46, 1969, (Flexible Exchange), s. 20.

[92] Johnson, Flexible Exchange, s. 20- 21.

[93] Harrigan, s. 207.

yüksek ve büyüme hızı düşükse döviz kurlarını sabit tutabilmek için iç dengeye ilişkin amaçlardan daha fazla uzaklaşılmış olunacaktır.

Sabit kur sisteminde rezervlerin uzun süre dış açıkların finansmanında kullanılabilmesinin imkansızlığı yanında ülke kaynaklarının sermaye stoğuna ilave yoluyla üretken alanlarda kullanılması yerine döviz rezervi şeklinde nispeten düşük bir getiri ile tutulmasının yol açtığı maliyet de bir diğer eleştiri konusunu oluşturmaktadır.

Sabit kur sisteminin avantajlarından birisi ülkelerin uyguladıkları makro ekonomik politikaların koordinasyonunu gerektirmesidir. Ancak, ülkelerin ekonomik yapılarının ve özellikle iç dengeye yönelik olarak izlemeleri gereken politikaların çoğunlukla birbirinden farklı olması sabit bir kur sisteminin ülkeler arasında işbirliği içerisinde uygulanmasını imkansız hale getirebilecektir. Şöyle ki bazı ülkeler için fiyat istikrarı temel amaç iken diğer bazıları için gelir ve istihdamın büyüme hızının yükseltilmesi temel bir öncelik olabilecektir. Ülkelerin enflasyon oranları arasındaki farklılığın büyük olması ise yüksek enflasyon oranına sahip ülkelerin sürekli ödemeler dengesi açığı vermesine; düşük enflasyon oranına sahip ülkelerin ödemeler dengesinin ise fazla vermesine neden olacak ve dış açık veren ülkelerde devalüasyon kaçınılmaz olacaktır.

Sabit kur sistemine yönelik önemli bir eleştiri de, ekonomide etkin kaynak dağılımını engellediği yönünde ortaya çıkmaktadır. Şöyle ki, ekonomik dengelenmede fiyat mekanizması ya da fiyatların elastikiyeti temel bir role sahiptir. Fiyatların elastikiyetine bağlı olarak oluşan rekabet ekonomide etkinliği en üst seviyeye çıkarırken fiyatların serbestçe oluşumuna her hangi bir şekilde müdahale edilmesi ekonomide kaynakların etkin dağılımını engelleyecek; fiyat çarpıklıklarına yol açarak karar birimlerini yanlış yönlendirebilecektir. İşte, bir fiyat olarak döviz kurlarının sabitlenmesi nispi fiyat değişmeleri yoluyla kaynakların etkin dağılımını engelleyerek fiyat mekanizmasından beklenen faydanın sağlanmasını engelleyecektir. Çünkü her ülkenin karşılaştırmalı üstünlüğe sahip olduğu endüstriler zaman içerisinde değişime uğramakta; yeni kaynaklar ve teknolojiler ortaya çıkarken nispi fiyat değişmeleri bu dinamik sürecin hem kaynağını oluşturmakta hem de bu süreçten kaynaklanmaktadır[94].

Sabit kur sisteminin olası avantaj ve dezavantajları yönünden değerlendirilmesinde öne çıkan önemli bir nokta da dış şoklar karşısında ülkeler için ne ölçüde koruma sağlayabildiğidir. Şöyle ki, Mundell ve Poole tarafından yapılan çalışmalar ile birlikte döviz kuru sistemlerinin göreceli olarak üstünlüklerinin ekonomiyi vuran şokların niteliği ile yakından bağlantılı olduğu kabul edilmektedir[95]. Buna göre şoklar, yurtiçi para piyasası kaynaklı ise sabit bir kur sistemi söz konusu şokların reel etkilerinin ortaya çıkmasını engelleyebilecektir. Örneğin pozitif bir talep şoku karşısında para otoritesinin ulusal paranın değer kazanmasını önlemek için döviz satın alarak rezervleri artırması sonucunda reel üretim değişmeden kalmış olacaktır. Halbuki, esnek kur sisteminde para otoritesi fiyat ve gelir düzeyindeki değişmeleri önlemek amacıyla para arzını değiştirmediği sürece gelir düzeyinin düşmesi gerekecek ve böylece reel para talebi sabit durumdaki para arzı seviyesine indirilmiş olacaktır[96].

Ülkenin ihraç mallarına olan talebin azalması ya da dış ticaret hadlerinde değişme biçiminde ortaya çıkan reel dış şoklar karşısında ise

---

[94] Appleyard ve Field, s. 711-712.
[95] William Poole, Optimal Choice of Monetary Policy Instruments in a Simple Stochastic Model, Quarterly Journal of Economics, Vol. 84, No.2, 1970, s. 197- 216.
[96] Christian Broda, Coping with Terms of Trade Shocks: Pegs versus Floats, The American Economic Review, Vol. 91, No. 2, 2001, s. 376.

sabit kur sistemi ülkeyi koruyamayacaktır. Örneğin dış ülkelerdeki bir resesyon ülkenin ihraç mallarına olan talebi azaltarak çarpan mekanizması yoluyla ana ülkenin milli gelirini de azaltacaktır. Ana ülkenin diğer ülkelerden ithalatını azaltması resesyonun daha da yayılmasını beraberinde getirebilecektir. Bu nedenle negatif bir reel şokun etkilediği ve sabit kur sistemi uygulanan bir ülkede otoriteler resesyon ile mücadele edebilmek için yurtiçi fiyatlardaki yavaş değişime güvenmek zorunda kalacaklardır. Dış ülkelerde resesyon yerine ekonomide büyümeye doğru bir eğilim varsa bu durumda enflasyonun ülkeler arasında aktarımı söz konusu olacak ve bu durum döviz kuru değişmelerinin pasifize edilmiş olmasından kaynaklanacaktır.

2.4.2. Esnek Kur Sisteminin Avantaj ve Dezavantajları

Esnek kur sisteminde, rekabetçi piyasalarda döviz arz ve talebini birbirine eşitleyen fiyatın oluşmasıyla dengelenmenin kendiliğinden sağlanması sistemin temel karakteristiği olmaktadır. Fiyat ve ücret katılıklarının bulunmadığı bir ekonomide, sabit kur sistemi altında tam istihdama ulaşmak ya da sürdürmek mümkün olabilecektir. Ayrıca, ekonomide fiyat ve ücret katılıkları bulunmakla birlikte döviz piyasası dengesinin sağlanması ve diğer ekonomik amaçlara ulaşmak için gerekli politika araçlarına sahip bulunulması durumunda esnek kur sistemi uygulama zorunluluğu ortaya çıkmayabilecektir[97]. Ancak, söz konusu araçların bulunmaması ya da ekonomideki fiyat ve ücret katılıkları esnek kur sisteminin politika tercihi olarak önemini artıracaktır.

---

[97] Caves, Flexible Exchange Rates, s. 121.

Esnek kur sistemi, ekonomi politikası uygulayıcılarına dış ticaret ve ödemeler üzerine her hangi bir kısıtlamaya başvurmaya gerek kalmaksızın belirlenen politika amaçları doğrultusunda ekonomi politikası araçlarını serbestçe kullanabilme özgürlüğünü sağlaması yönüyle ön plana çıkmaktadır[98]. Nitekim esnek kur sistemine atfedilen olası avantajlardan birisi sistemin merkez bankasının para politikası üzerindeki kontrolünü artırması; diğer bir deyişle daha bağımsız bir para politikası izleme olanağına kavuşmasıdır.

Ekonomide yüksek işsizlik oranı gibi bir problem ile karşılaşılması durumunda merkez bankası işsizlikle mücadele amacıyla para arzını genişletecek ve ulusal paranın depresiasyonu söz konusu olacaktır. Depresiasyon ise ulusal malların nispi fiyatını düşürerek ihracatı ve dolayısıyla milli gelir ve istihdam seviyesini artıracaktır. Merkez Bankasının yabancı para satın alarak döviz rezervlerini artırmaya yönelik bir döviz politikası izlemesi halinde de sonuç değinilen para politikasına benzer olacak; sadece bankaların yurtiçi varlıkları yerine yabancı varlıkları artmış olacaktır[99].

Esnek kur sistemi, para politikalarında serbestliğin yanı sıra, ekonomi politikası uygulayıcılarına sabit kur sisteminin aksine ideal olduğuna inandıkları enflasyon oranını seçme özgürlüğünü de sağlamaktadır. Şöyle ki, bazı ülkelerin temel amaç önceliği işsizlik ile mücadele olup; bunu gerçekleştirebilmek için uygulanacak politikaların enflasyon olarak ödenecek bedeline razı olurken; diğer bazı ülkeler için fiyat istikrarı temel önceliği oluşturabilecektir. Böyle bir durumda sabit kur sistemi enflasyonu, aynı kur sistemini uygulayan ülkelere yayacak ya da

---

98 Johnson, Flexible Exchange, s. 18.
99 Mundell, Capital Mobility, s. 477- 478.

diğer bir deyişle ülkeler dışarıdan enflasyon ithal etmiş olacaklardır. Halbuki, esnek kur sistemi altında ülkelerin birbirinden bağımsız olarak izleyecekleri politikalara rağmen uluslararası denge sağlanabilecektir. Çünkü, fiyat istikrarını benimseyen ülkelerin ulusal parası enflasyonist politikalar izleyen ülkelerin ulusal paraları karşısında değer kazanacak ve dış fiyatlardaki artışların enflasyonist etkilerinden korunmuş olacaklardır[100].

Esnek kur sisteminin olası avantajlarından birisi de, sistemin aynı zamanda ticaret hadleri ile reel faiz şokları da dahil olmak üzere dış kaynaklı şoklar karşısında ekonomiyi koruyucu bir işleve sahip olması ve uzun süren ve yüksek maliyetli yeniden dengelenme süreçlerinden de korumasıdır[101]. Çünkü, ekonominin maruz kaldığı şok yurtiçi para piyasası kaynaklı ve pozitif yönlü ise, para arzı otoriteler tarafından artırılıp ulusal paranın değer kazanması engellenecek ve gelir düzeyi değişmemiş olacaktır.

Reel dış şoklar karşısında ise, ekonomideki fiyat katılıkları dikkate alındığında en ideal çözüm döviz kurlarının değişmesi olacaktır. Çünkü, dış ticaret hadlerinin ülke aleyhine değişmesi ya da ihraç mallarına olan talebin azalması nominal döviz kurlarının depresiasyonuna yol açacak; depresiasyon da söz konusu negatif şokun etkisini kısmen de olsa azaltmış olacaktır. Ayrıca ihraç mallarının döviz cinsinden fiyatını düşürüp (ulusal para cinsinden ithal malların fiyatlarını yükseltip), daha sancısız bir dengelenme sürecine imkan da sağlamış olacaktır[102].

---

[100] Krugman ve Obstfeld, s. 570.
[101] Sebastian Edwards, Eduardo Levy Yeyati, Flexible Exchange Rates as Shock Absorbers, European Economic Review, Vol. 49, 2005, (Shock Absorbers), s. 2080.
[102] Walter, s. 384.

Ulusal paranın depresiasyonu süreci ise şöyle gerçekleşecektir; ihraç mallarına olan talep ve üretimdeki düşüş para talebini azaltacak, para talebindeki azalma da faiz oranını düşürücü bir etki doğuracaktır. Ulusal faiz oranındaki düşme de döviz piyasasında ulusal paranın değer kaybını beraberinde getirecektir. Halbuki, sabit kur sistemi altında, negatif şoklar karşısında ekonominin resesyondan kurtulabilmesi yurtiçi fiyatlarda yavaş olarak gerçekleşen değişmeleri gerektirirken; merkez bankasının ulusal paranın depresiasyonunu önlemek için piyasalarda gerçekleştireceği işlemler ekonomideki daralmayı ve gelir azalmasını daha da hızlandıracaktır. Buna karşılık döviz kurlarındaki değişmeler ise otomatik bir stabilizatör işlevini yerine getirebilecektir[103].

Sonuç olarak esnek kur sisteminde dış dengelenmenin tamamen döviz kuru değişmelerine bırakılması, ekonomi politikası uygulayıcılarını iç dengeyi sağlamaya dönük politikalarda serbestliğe kavuşturmanın yanı sıra, dış dengenin sağlanmasını da piyasa mekanizmasına terk ederek uluslararası ticaret ve ödemeler üzerine kısıtlamalar getirilmesi gereğini de ortadan kaldırmaktadır. Ayrıca esnek kurlar, dış kaynaklı reel şokların ekonomi üzerindeki etkilerini yumuşatarak dengelenme sürecini daha çabuk ve kolay hale getirmektedir.

Esnek kur sisteminin eleştirildiği yönlerden biri ise kısa dönemde kurlarda ortaya çıkan volatilitenin yol açabileceği zararlardır. Şöyle ki, döviz kurlarındaki sürekli dalgalanmaların meydana getirebileceği belirsizlik, gerek uluslararası ticaret ile uğraşanların elde edecekleri karlarda ve gerekse de dış ülkelerde yapılacak yatırımlardan elde edilecek gelirlerde düşmelere yol açabilecek ve bu faaliyetler üzerinde caydırıcı bir etki doğurabilecektir.

---

[103] Broda, s. 376.

Döviz kurlarındaki oynaklığın dış ticaret üzerinde yol açtığı belirsizliği önlemek için önerilen vadeli döviz işlemleri ise hem maliyetli olması yönünden eleştirilmekte hem de tüm kur risklerini karşılayıp karşılamadığı yönünden şüpheyle karşılanmaktadır. Ancak ani parite değişmelerinin makro ekonomik yönden avantajlı olduğu durumlarda otoritelerin sabit kur sistemi altında da döviz kurlarını değiştirebildikleri ve bu tip ani kur değişmelerinin sabit kur sisteminin olası avantajlarını azalttığı esnek kur sistemi taraftarlarınca savunulmaktadır. Ayrıca, kısa dönemde döviz kurlarındaki dalgalanmaların zararlı olabileceğine dair verilerin son derece sınırlı olmasının yanı sıra inandırıcılığı yeterli olmayan sabit kurların yüksek sermaye mobilitesi altında ekonomi açısından daha maliyetli olabileceği ileri sürülmektedir[104].

Esnek kur sistemine yöneltilen eleştirilerden bir diğeri de sistemin sağladığı serbestliğin hükümetleri döviz rezerv kaybı endişesi taşımaksızın genişletici para ve maliye politikası uygulamaya yöneltmesi ve sabit kur sisteminin aksine mali disiplinin terk edilmesinin enflasyonist bir sarmalı başlatabilmesidir. Şöyle ki, bir ülkede enflasyon oranının diğer ülkelerden yüksek olması, esnek kur sistemi altında, ülkenin dış rekabet gücünde sabit kur sisteminde olduğu gibi bir azalmaya yol açamayabilecektir. Çünkü, ülkenin ulusal parası döviz piyasasında depresiasyona uğrayacak ve enflasyonun olumsuz etkisini giderecektir. Ancak ülke açısından sorun, dış ticarete konu olmayan malların fiyatlarındaki ayarlanmaların dış ticarete konu olan malların fiyat ayarlanmalarına nazaran daha yavaş olması; diğer bir deyişle depresiasyonların ithal malların fiyatlarını yükseltmesi ve buna

[104] Maurice Obstfeld, Richard N. Cooper, Paul R. Krugman, , Floating Exchange Rates: Experience and Prospects, Brookings Papers on Economic Activity, Vol. 1985, No. 2, 1985, s. 372.

bağlı olarak fiyatlar genel düzeyindeki artışlarla depresiasyonların süreklilik kazanmasıdır[105].

Böyle bir durumda esnek kur sisteminin merkez bankasına sağladığı nominal para arzı üzerindeki daha fazla kontrol imkanı; bankanın üretim ve istihdam gibi reel değişkenleri etkileyen reel para arzı üzerinde de güçlü bir kontrole sahip olduğu anlamına gelmeyecektir[106].

Depresiasyon-enflasyon sarmalını ücret ayarlanmaları da artırabilecektir. Şöyle ki, ulusal paranın değer kaybı, veri nominal ücretlerin reel değerinin azalmasına yol açarak işçilerin mevcut yaşam standardını sürdürebilmek için nominal ücretlerde artış taleplerini beraberinde getirecektir. Nominal ücret artışları da enflasyonist baskıları artıracaktır[107].

Esnek kur sisteminde spekülasyonların istikrar bozucu bir niteliğe sahip olması eleştirildiği bir diğer konu olmaktadır. Çünkü, spekülatörler depresiasyona uğramış bir ulusal paranın uzun dönem denge değerini dikkate almaksızın gelecekte paranın depresiasyon eğiliminin devam edeceği beklentisiyle söz konusu parayı ellerinden çıkarmaya devam edecekler; diğer spekülatörlerin de aynı beklenti ile hareket etmeleri ise depresiasyon beklentisinin gerçekleşmesine neden olacaktır.

Ancak esnek kur sistemini savunanlar, depresiasyona uğrayarak piyasada değeri uzun dönem denge değerinin altına inen bir parayı satmanın ya da apresiasyona uğrayarak uzun dönem denge değerinin üzerine çıkan bir parayı satın almanın spekülatöre para kaybettireceğini bu

---

105 Robert Carbaugh, International Economics, Eighth Edition, South- Western Publishing, USA, 2002, s. 484.
106 Krugman ve Obstfeld, s. 576.
107 Mussa, s. 239.

nedenle de spekülasyon faaliyetlerinin istikrar sağlayıcı nitelikte olacağı üzerinde durmuşlardır. Nitekim Friedman, istikrar bozucu spekülasyonun karlı ve uzun dönemde sürdürülebilir olmadığından dolayı mümkün olamayacağını savunmuştur. Bir ulusal para eksik değerlenmiş ise spekülatörler gerçek değerine ulaşıncaya kadar satın almayı sürdürecekler; aşırı değerlenmiş ise gerçek değerine ulaşıncaya kadar satmayı sürdüreceklerdir[108].

Rasyonel hareket eden spekülatörlerin faaliyetlerinin aynı zamanda istikrar sağlayıcı nitelikte spekülasyonu garanti edeceği argümanına karşın yakın zamandaki analizler, spekülasyonun hem rasyonel hem de istikrar bozucu olabileceğine işaret etmektedir. Çünkü, spekülatörlerin döviz kurlarına ilişkin kendi oluşturdukları model doğru olan modelden farklı olabilir. Böyle bir durumda spekülatörler, kendi oluşturdukları modelleri çerçevesinde döviz kurlarını olması gereken seviyenin uzağına çekebilecek ve eğer diğer spekülatörler de aynı model çerçevesinde aynı yönde hareket ederlerse yanlış olan model pratikte doğru hale gelebilecektir[109].

Esnek kur sistemi taraftarlarının işaret ettiği bir diğer nokta da sermaye hareketlerindeki artan serbestleştirme dikkate alındığında sabit kur sisteminde spekülatif faaliyetlerin daha fazla istikrar bozucu nitelikte olabileceğidir. Nitekim, sabit kur sistemlerinde spekülatif saldırılar sonrasındaki ortaya çıkan ödemeler bilançosu krizleri, merkez bankasının mevcut döviz kurunu desteklemeye çalışırken spekülatörlerin portföy ayarlamaları ile döviz rezervlerinin önemli bir kısmını elde etmeleri ile birlikte ortaya çıkmakta; çoğu zaman birbiriyle çelişebilen iç ve dış denge amaçlarının bir arada gerçekleştirilmesine yönelik olarak izlenen makro

---

[108] Korkut Ertürk, Macro Economics of Speculation, The Levy Economics Institute of Bard College, Working Paper No. 424, 2005, s. 5- 6.
[109] Södersten ve Reed, s. 646.

ekonomik politikaların ekonomide meydana getirdiği hassasiyetin merkez bankasının hareket marjını daraltarak spekülatörlere risksiz bir kazanç olanağı sunmasından kaynaklanmaktadır[110].

Geleceği doğru olarak tahmin edebilen spekülatörlerin kar maksimizasyonu hedefinin doğal bir sonucu olan söz konusu spekülatif saldırılar, merkez bankasının ılımlı bir ödemeler bilançosu açığını karşılamaya yetecek düzeyde döviz rezervine sahip olduğu durumlarda da kendiliğinden ortaya çıkabilecek; başka bir deyişle spekülatörlerin sabit kur sisteminin terk edilmek zorunda kalınacağı beklentisiyle hareket etmeleri sebebiyle merkez bankasının rezervleri tükenmeden krizle karşı karşıya kalabilecektir[111].

Esnek kur sisteminin ekonomi politikası uygulayıcılarına sunduğu serbestliğin de etkisiyle her ülkenin kendisi için en uygun politikayı izlemesi ve dolayısıyla ekonomi politikalarında koordinasyon sağlanamamasına bağlı olarak rekabet avantajı sağlamaya dönük depresiasyonlara başvurulabilmesi esnek kur sistemine yönelik başka bir eleştiri konusunu oluşturmaktadır. Çünkü, 1929 yılındaki büyük kriz sonrasında pek çok ülke, üretim ve istihdamı teşvik etmek amacıyla ulusal paralarının değerini düşürme yoluna başvurmuş ve rekabetçi depresiasyonlar başlamıştır.

Ülkelerin diğer ülkeler karşısında başvurdukları bu depresiasyonlar ekonomi politikalarının koordinasyonu yerine çatışmasını (policy conflict) beraberinde getirmiştir. Ancak şu belirtilmelidir ki, bu çatışma, sabit kur

---

[110] Maurice Obstfeld, Rational and Self- Fulfilling Balance-of- Payments Crises, American Economic Review, Vol. 76, No. 1, 1986, s. 72.
[111] Paul Krugman, A Model of Balance-of- Payments Crisis, Journal of Money, Credit and Banking, Vol. 11, No. 3, 1979, (Balance-of- Payments), s. 319.

sisteminde bir ülkenin genişletici; diğerinin ise daraltıcı para ve maliye politikaları izlemesi durumunda ortaya çıkacaktır. Esnek kur sisteminde ise, her iki ülkenin de eş anlı olarak hem üretim ve istihdamı artırmak hem de enflasyonu düşürmek için karşılıklı olarak döviz kurlarını araç olarak kullanmak istediklerinde ortaya çıkabilecektir[112].

2.5. Döviz Kuru Sisteminin Seçimine İlişkin Teorik Yaklaşımlar

Altın standardına dayalı sabit kur sisteminde uluslararası dolaşımdaki altın miktarının yetersizliğinin yanı sıra dış denkleşmenin yükünün deflasyonist politikalar yoluyla dış açık veren ülkelerin üzerine yıkılması; buna karşılık dış fazla veren ülkelerin altın girişlerini sterilize ederek rezerv biriktirmeleri ve kısa vadeli sermeye akımlarının olumsuz etkileri sistemin sonunu hazırlamıştır. Ancak daha sonraki esnek kur sistemi döneminde yaşanan istikrar bozucu spekülatif hareketler ve rekabetçi devalüasyonlar sonuçta dış ticaret ve uluslararası ödemeler üzerinde yıkıcı bir etkiyi beraberinde getirmiştir[113].

Geleneksel yaklaşımın öngördüğü altın standardındaki katı sabit kur sistemi ile sonrasındaki esnek kur sistemi uygulamalarının yukarıda ifade edilen nedenlerden dolayı başarısızlığı sonucu uygulamaya konulan ve gerektiğinde kur ayarlamalarının mümkün olabildiği bir sabit kur sistemi olan Bretton Woods sisteminde sabit ve esnek kur sistemlerinin avantajlı yönlerinin bir araya getirilmesi amaçlanmıştı. Ancak sistemde diğer ülke paralarının değerinin Amerika Birleşik Devletleri (ABD) Dolarına

---

[112] Mussa, s. 239.
[113] Harold James, Michael D. Bordo, Haberler Versus Nurkse: The Case for Floating Exchange Rates as an Alternative to Bretton Woods, ed. Jörg Baumberger, University of St. Gallen, Department of Economics, Discussion Paper No. 2001- 08, 2001.

bağlanması ve Dolar'ın altın paritesi sebebiyle merkezi bir role sahip olan ABD'nin artan ödemeler dengesi açıklarına karşın Dolar'ın altın karşısında değerini düşürememesi ya da altının ABD Doları cinsinden fiyatını dalgalanmaya bırakamaması bağımsız bir döviz kuru politikası izleme olanağını ortadan kaldırmaktaydı. Çünkü, ABD'nin altının Dolar cinsinden fiyatını yükseltmesi, diğer ülkelerde böyle bir durumun tekrarlanabileceğine ilişkin beklentileri artırarak altın rezervlerinin daha hızlı tükenmesini beraberinde getirirken; altın fiyatının dalgalanmaya bırakılması ise altın ile ABD Doları arasındaki bağlantının tamamen kopmasına neden olabilecekti[114].

ABD tarafından yapılacak tek yanlı döviz kuru ayarlamaları diğer ülkelerin karşı ayarlamalarıyla etkisiz hale getirilebileceğinden sistem güçlü bir dengelenme mekanizmasına sahip değildi. Başlangıçta ödemeler dengesi fazlasına sahip olan ülkenin dış açık vermeye başlaması ve diğer ülkelerdeki hızlı verimlilik artışının yol açtığı yüksek enflasyonun neden olduğu aşırı değerlenmiş Dolar'ın dış açıkları daha da büyütmesi ABD Dolarının resmen devalüe edilmesi ile sonuçlanmıştı. Ancak, ABD'nin ödemeler dengesi açıkları artmaya devam etmiş ve ikinci devalüsyonun da çözüm getirememesi sonucu sabit kur sistemi 1973 yılında terk edilerek kontrollü dalgalanma sistemine (managed floating exchange rates) geçilmişti. Böylece uluslararası düzeyde döviz kuru politikalarının koordinasyonu çabası başarıya ulaşamamış oldu.

Bretton Woods sisteminin yıkılması, daha çeşitlenmiş döviz kuru sistemi tercihlerinin yolunu açmış; diğer bir deyişle gelişmiş ve daha fazla da gelişmekte olan ülkeler için en ideal döviz kuru seçimine ilişkin

---

[114] Eichengreen Barry, Global Imbalances and The Lessons of Bretton Woods, NBER Working Paper Series, Working Paper No. 10497, May, 2004, s. 17.

araştırmalar önem kazanmıştır. Yapılan analizlerde yakın zamana kadar Optimum Para Alanları teorisi referans alınmış ve Optimum Para Alanı Yaklaşımı döviz kuru rejiminin tercihinde yol gösterici bir rol üstlenmiştir[115].

Sermaye hareketlerinin gittikçe serbestleşmesi ile birlikte özellikle gelişmekte olan ülkelerde artan finansal krizler; bu krizleri tetikleyip, makro ekonomik dengesizlikleri artırabilen döviz kuru rejiminin seçimine ilişkin yeni yaklaşımların önünü açmıştır. Geleneksel Optimum Para Alanları teorisinin zımni bir takım varsayımlara dayanması sebebiyle çoğu gelişmekte olan ülkeye uygun olmaması da söz konusu yeni yaklaşımların önemini artırmıştır.

1990'lı yıllardan itibaren daha da büyüyen sermaye akımlarının istikrar bozucu etkileri, sürdürülebilir bir döviz kuru rejimi konusunda sabit ve esnek kur sistemi taraftarları arasında tartışmaları daha da şiddetlendirmiştir. Ancak bu dönemde söz konusu tartışmaların yerini sermaye hareketlerinin serbestleştirildiği bir ekonomide ara döviz kuru sistemlerinin uygulanmasının mümkün olabilirliği tartışmaları almış ve dünya sermaye piyasalarının gittikçe bütünleştiği bir ortamda ancak uç döviz kuru sistemlerinin başarılı olabileceği üzerine kurulu İki Kutup Hipotezi (Hollowing Out, Two Corner) ile tam esnek bir kur sisteminin özellikle gelişmekte olan ülkelerde fiilen uygulanabilirliğinin sorgulandığı "Dalgalanma Korkusu" (Fear of Floating) fenomeni ortaya atılmıştır.

---

[115] Jürgen von Hagen, Jizhong Zhou, The Choice of Exchange Rate Regime, "An Empirical Analysis for Transition Economies, Economics of Transition, Vol. 13, No. 4, 2005, s. 680.

2.5.1. Optimum Para Alanları Teorisi

Döviz kuru sisteminin seçimine ilişkin analizler genellikle optimum para alanları teorisi kullanılarak gerçekleştirilmektedir. Optimum para alanları teorisi çerçevesinde uygun döviz kuru seçimine ilişkin ilk katkılar ise Mundell'den gelmiştir. Mundell, teorisinde, dönemin hakim Keynezyen yaklaşımı ışığında talep şoklarının yönetilmesi ve arz yanlı şokların etkileri ile başa çıkabilmede para ve maliye politikalarının etkinliği üzerinde durmuş; ülkeler açısından sabit ya da esnek kur sisteminden hangisinin tercih edilebilir olduğuna dayalı bir teori oluşturmayı amaçlamıştır. İçerisinde döviz kurlarının sabitlenebileceği optimal bir alanın olabilirliğinden hareketle de para alanını içerisinde döviz kurlarının sabitlendiği bir alan olarak tanımlamıştır[116].

Mundell, Bretton Woods sistemindeki uluslararası sabitlenmiş döviz kurları ile fiyat ve ücret katılıklarının, ticaret hadlerinin dış dengelenmedeki rolünü yerine getirmesini engellediği sürece ödemeler bilançosu krizlerinin uluslararası sistemin ayrılmaz bir parçası olarak kalacağını belirtmiştir[117]. Nitekim bu dönemde yaşanan ödemeler dengesi sorunları nedeniyle önem kazanan esnek kur sisteminin olası avantajları Mundell tarafından şöyle vurgulanmıştır:

Esnek kur sisteminde bir dış açık söz konusu olduğunda depresiasyon işsizliğin yerini; dış fazla durumunda da apresiasyon enflasyonun yerini alacaktır[118]. Tek para biriminin geçerli olduğu para alanı ile sabit kur sisteminin uygulandığı fakat birden çok para biriminin

---

[116] Paul Kenny, The Theory of Optimum Currncy Areas, Student Economic Review Vol. 17, 2003, s. 138.
[117] Robert A. Mundell, A Theory of Optimum Currency Areas, American Economic Review, Vol. 51, No. 4, 1961, (Optimum Currency), s. 657.
[118] Mundell, Optimum Currency, s. 657.

kullanıldığı bir para alanı arasında temel bir farklılık bulunmakta; diğer bir deyişle bölgelerarası ayarlanma ile uluslararası ayarlanma birbirinden farklı bulunmaktadır. Mundell, bu durumu asimetrik talep şoklarından etkilenen farklı bölgelerdeki ayarlanma süreci ile ilgili üç farklı durumu ele alarak açıklamaya çalışmıştır.

Buna göre, ulusal paraya sahip A ve B gibi iki ayrı ülke söz konusu olduğunda, asimetrik talep şokunun olumsuz yönde etkilediği B ülkesinde; A ülkesinde enflasyona izin verildiği ölçüde ticaret hadlerindeki değişme yoluyla dış dengelenmenin yükü hafifleyecektir. Ancak A ülkesinin merkez bankası sıkı para politikaları ile enflasyonist baskıları hafifletme yoluna giderse B ülkesi fiyatlar genel düzeyinin katılığı ölçüsünde işsizlik oranı artışına razı olarak dengelenmenin tüm yükünü üstlenmiş olacaktır.

Dış fazla veren ülkelerin fiyatlar genel düzeyindeki yükselmeyi önlemeye dönük politikaları bu sebeple sabit kur sisteminin uygulandığı dünya ekonomisinde ya da ayrı para birimlerinin bulunduğu bir para alanında resesyon eğilimini güçlendirmektedir[119].

Asimetrik talep şokunun aynı ülkenin iki bölgesi üzerindeki etkisi araştırıldığında ise, hükümetin tam istihdam politikası izlediği varsayımı altında asimetrik bir talep şokunun olumsuz etkilediği B bölgesinde işsizlik; A bölgesinde de dış fazla ve enflasyonist baskılar ortaya çıkacaktır. Para otoritesinin B bölgesindeki işsizliği önlemek için para arzını genişletmesi A bölgesindeki enflasyonist baskıları artıracaktır. Sonuçta tam istihdam politikası, ortak paraya sahip bir para alanında enflasyon eğilimini beraberinde getirecektir.

[119] Mundell, Optimum Currency, s. 658.

Dünya'da birden çok para alanının varlığı esnek döviz kurlarını beraberinde getirecektir. Uluslararası talebin herhangi bir B ülkesince üretilen ürünlerden A ülkesinin ürünlerine doğru kayması durumunda; B ülkesinin ulusal parasının değer kaybetmesi, A ülkesinin ulusal parasının ise değer kazanması işsizlik ve enflasyon gibi olumsuzluklara gerek kalmaksızın dış dengenin sağlanmasını garanti edecektir. Bununla birlikte Esnek kur sistemi her durumda asimetrik talep şoklarının yol açtığı maliyetlerin azaltılmasını garanti edemeyebilecek; diğer bir deyişle optimum para alanları ülkelerle özdeş olmayabilecektir.

Nitekim, Mundell, optimum para alanlarını bölgeler arası emek mobilitesi olarak tanımlayarak ülkeler yerine bölgeler ile özdeş kabul etmiştir. Buna göre, iki ülkenin bulunduğu, her iki ülkenin Doğu ve Batı olmak üzere iki bölgeden oluştuğu, doğu bölgelerinin birbiri ile aynı malı, batı bölgelerinin de birbiri ile aynı malı ürettiği varsayımı altında doğu bölgelerinde işsizliğe yol açan bir asimetrik şok karşısında merkez bankasının izleyeceği genişletici bir politika batı bölgelerinde enflasyona yol açacaktır.

Böyle bir durumda hangi ülkenin parasını devalüe etmesi gerektiği de net olarak belli olmayacak; esnek kur sistemi de dengelenmeyi garanti edemeyebilecektir. Ancak, ülkelerin kendi aralarında bir optimum para alanı oluşturmadığı sürece yine de esnek kur sistemi sabit kur sistemine göre avantajlı olacaktır[120].

Mundell'in faktör mobilitesi üzerinde yoğunlaşan teorik yaklaşımı, McKinnon tarafından yeniden ele alınmış ve ekonominin dışa açıklığı optimum para alanı için bir kriter olarak ortaya konulmuştur. Bir optimallik

---

[120] Julius Horvath, Optimum Currency Area Theory: A Selective Review, BOFIT Discussion Papers, No. 15, 2003, s. 12- 13.

kriteri olarak ekonominin dışa açıklığı, yurtiçi üretim ve tüketimde dış ticarete konu olan malların dış ticarete konu olmayan mallara oranı olarak tanımlanmıştır[121]. Optimum kavramı McKinnon tarafından tam istihdam, uluslararası ödemeler dengesi ve yurtiçi fiyat istikrarı gibi birbiriyle çelişebilen üç amacın birlikte gerçekleştirilebilmesi için içerisinde para ve maliye politikaları ile dışa karşı esnek döviz kurlarının uygulandığı tek para alanını tanımlamak amacıyla kullanılmıştır[122].

McKinnon, dış dengenin üretim ve harcamaların dış ticarete konu olan ve dış ticarete konu olmayan mallar arasında kaydırılarak sürdürülebileceğinden hareketle esnek döviz kurları ya da para ve maliye politikalarından hangisinin dış denge üzerinde daha etkin olduğunu araştırmıştır. McKinnon'a göre, ticarete konu olan malların yurtiçi üretim ve tüketimde yüksek paya sahip olduğu, dış dengenin esnek kurlar ile sağlandığı, dış ticarete konu olmayan malların fiyatlarının sabit tutulduğu bir ekonomide, dış denge amacıyla ulusal paranın devalüe edilmesi, dış ticarete konu olan malların ulusal para cinsinden fiyatlarını yükseltecektir.

Böyle bir politika ile ihraç ve ithal edilebilir malların üretimi artırılıp; tüketimi ise azaltılarak dış ödemeler dengesi iyileştirilecek ve ekonomide ciddi bir işsizlik sorunu bulunmuyor ise daraltıcı para ve maliye politikaları ile ticarete konu olmayan malların fiyatlarındaki yükselmenin de önüne geçilmiş olunacaktır. Ancak yüksek oranda dışa açık ve tam istihdama yakın bir düzeyde faaliyette bulunan bir ekonomide esnek döviz kurları ile yurtiçi fiyat istikrarı amaçları birbiri ile uyumlu olamayacak; dış

---

[121] Horvath, s. 15.
[122] Ronald I. McKinnon, Optimum Currency Areas, The American Economic Review, Vol. 53, No.4, 1963, (Optimum Currency Areas), s. 717.

dengede kayda değer bir düzelme ancak yurtiçi massetme oranındaki azalma ile sağlanabilecektir[123].

McKinnon'a göre döviz kurlarındaki değişmenin ticaret dengesi üzerindeki olumsuz etkisi yurtiçi fiyat değişmeleri tarafından tamamen ortadan kaldırılacak, esnek kur sistemi dışa açık bir ekonomide hem daha az etkin bir araç hem de iç fiyat istikrarı üzerinde daha zararlı olacaktır. Bununla birlikte, yurtiçi üretim ve tüketimde dış ticarete konu olmayan malların ağırlıklı olması durumunda optimal kur düzenlemesi, dış ticarete konu olmayan malların yurtiçi fiyatlarını sabitleyip döviz kurları yoluyla dış ticarete konu olan malların yurtiçi fiyatlarını değiştirmek olacaktır. Böyle bir politika fiyat istikrarı açısından daha az zararlı olmakla birlikte daraltıcı para ve maliye politikaları dış ticarete konu olmayan sektörde ilk durumdakinden çok daha fazla işsizliğe sebep olacaktır.

McKinnon'ın yaklaşımında dışa açık ekonomilerin sabit kur sistemi altında fiyat istikrarını sağlayabilmeleri, dış dünyada fiyat istikrarının sağlanmış olması durumunda mümkün olabilecek; aksi taktirde dış kaynaklı istikrarsızlık sabit kurlar aracılığıyla ulusal ekonomiye yayılacak ve dışa açık bir ekonomi için esnek kur sistemi daha avantajlı hale gelebilecektir[124].

McKinnon, optimum para alanlarına ilişkin teorisinde Mundell'in faktör mobilitesi yaklaşımında olduğu gibi optimal döviz kuru sorununu incelemiş; ancak Mundell, faktör mobilitesi ve döviz kurlarındaki aşırı dalgalanmalara neden olan şartları ele alırken; McKinnon, mal

[123] McKinnon, Optimum Currency Areas, s. 719.
[124] W.M. Corden, Monetary Integration, Essays in International Finance, 93, International Finance Section, Princeton University, USA, 1972, s. 18.

piyasalarının entegrasyonu ve döviz kuru ayarlanmalarını etkisiz hale getiren şartlar üzerinde yoğunlaşmıştır.

Optimum para alanına ilişkin bir diğer yaklaşım da Kenen tarafından ortaya konulmuştur. Kenen, üretimde yüksek oranda ürün çeşitliliğini bir optimallik kriteri olarak ele almıştır. Çünkü yüksek oranda ürün çeşitliliğine sahip bir ekonomi, ihraç ürünleri için dış talebi koruyabilecek ve asimetrik şokların meydana gelme olasılığı ile bunların olumsuz etkilerini azaltabilecektir. Bu nedenle söz konusu ülkelerin sabit bir kur sistemi uygulaması uygun olacaktır.

Çok çeşitli mallar üreten bir ekonomide bazı malların dış talebinde meydana gelecek bir azalma, diğer bazı malların dış talebinde meydana gelecek bir artış ile dengelenerek; toplam üretimdeki daralma ve işsizlikteki artış daha hafif olarak gerçekleşebilecektir. Kur değişimine de gereksinim kalmayacağından para alanına katılım avantajlı olacak; buna karşılık daha az ürün çeşitlendirmesine sahip ekonomiler dış kaynaklı şoklara karşı esnek kur sistemine yönelmek zorunda kalacaklardır[125].

Nitekim, Kenen, üretimlerini daha az çeşitlendirmiş ve politika araçları yönünden daha yoksun olan az gelişmiş ülkelerin döviz kurlarında tam esnekliğe sahip olmalarının daha avantajlı olabileceğini ileri sürmüştür[126].

Finansal bütünleşmeyi optimum para alanı için bir kriter olarak ortaya koyan Ingram'a göre, ülkeler finansal açıdan yüksek derecede birbirine entegre olmuş ise, sermaye akımları ödemeler dengesinin

---

[125] Horvath, s. 16.
[126] Peter B. Kenen, The Theory of Optimum Currency Areas: An Eclectic View, in Mundell R. and Swoboda A., (eds), Monetary Problems of The International Economy, University of Chicago Press, s. 4.

sağlanmasında hayati bir rol oynayabilecek; geçici nitelikteki asimetrik şokları azaltmada etkili olabilecektir. Uzun dönemde sermaye akımları dolayısıyla refah etkisi söz konusu olacak; dış fazla veren ülkeler harcamalarını artırırken, dış açık veren ülkeler azaltacak ve böylece reel dengelenmeye katkıda bulunacaktır. Dengeleyici sermaye hareketlerinin ortaya çıkabilmesi için çok küçük oranlı faiz değişmeleri dahi yeterli olabilecektir. Ancak sürekli ve yüksek oranlı cari açıklar veren ülkelerde yatırımcıların ilgili ülkenin açıklarını finanse etme konusunda gönülsüz olmaları durumunda sermaye girişindeki azalmaya bağlı olarak sabit kur sistemini sürdürmeyi olanaksız kılacak spekülatif saldırılar söz konusu olabilecektir.

Optimum para alanları teorisine yönelik bir diğer katkının sahibi olan Haberler ve Fleming ise; ülkelerin enflasyon oranlarının yakınlığını sabit kur sisteminin sürdürülebilmesi için bir ön şart kabul etmişlerdir. Dolayısıyla, enflasyon oranları arasındaki farklılık cari işlemler dengesi açıklarının temel nedenini oluşturmaktadır[127].

2.5.2. İki Kutup (Hollowing Out) Hipotezi

1990'lı yıllarda önem kazanan ve ülkelerin karma kur sistemlerini uygulamalarının zorluğundan yola çıkan İki Kutup (Hollowing Out) hipotezine göre ülkelerin tam esnek kur sistemi ya da para kurulu benzeri katı bir sabit kur sistemi uygulamaları durumunda yıkıcı etkilere sahip olabilen spekülatif sermaye akımlarına karşı ekonomik istikrarı koruyabilmeleri mümkün olabilecektir.

---

[127] Hans Visser, A Guide To International Monetary Economics, Exchange Rate Systems and Exchange Rate Theories, Edward Elgar Publishing Ltd., Great Britain, 1995, s. 137.

Yaklaşıma göre karma kur sistemlerinin yerine uç döviz kuru sistemlerinin önem kazanmasında rol oynayan faktörler ise;

- sermaye akımlarının artması sonucu kur çapasına dayalı bir sabit kur sistemi altında bağımsız bir para politikası izleyebilme olanağının ortadan kalkması (Unholy Trinity),
- sermaye akımlarının hacmen büyümesinin yanı sıra söz konusu akımların aniden girdikleri ülkeyi terk etmeleri sonucu özellikle kur çapası uygulayan ülkelerde döviz ve finans piyasalarında yaşanan krizler,
- kur çapası uygulayan ülkelerde döviz piyasalarındaki istikrarsızlıkların yayılma (Contagion) eğilimine sahip olması şeklinde belirtilebilecektir[128].

Karma kur sistemlerinin uçtaki kur sistemlerine göre daha dezavantajlı olacağı görüşünü ilk ortaya koyan Friedman' a göre ara döviz kuru sistemi, spekülasyonu teşvik edip kendi istikrarını zayıflatıcı bir yapıya sahiptir ve geçici olarak sabitlenmiş fakat belli aralıklarla hükümetler tarafından değiştirilebilen bir kur sistemi altında her döviz kuru değişimi krizin nedeni olabilecektir[129]. Çünkü, böyle bir sistem serbest ticaretin geçerli olduğu bir dünyada ne katı bir sabit kur sistemindeki gibi beklentileri istikrara kavuşturabilmekte; ne de esnek kur sistemindeki hassasiyete sahip olabilmektedir[130].

1990'lı yıllardaki ve özellikle 1992-93 yıllarındaki Avrupa Para Sistemi krizleri ile sermaye hareketlerindeki büyük ölçekli artışlar bu görüşün doğruluğu kanısını pekiştirmiş; tam bir esnek kur sistemi ya da

[128] Tavlas, Economics of Exchange, s. 1216- 1217.
[129] Milton Friedman, The Case for Flexible Exchange Rates, "Essays in Positive Economics", Chicago and London, The University of Chicago Press, 1953,(Flexible Exchange), s. 163- 164.
[130] Friedman, Flexible Exchange, s. 164.

para kurulu ve parasal birlik gibi katı sabit kur sistemlerinin para krizlerinin önlenmesi açısından ve özellikle gelişmekte olan ülkelerde tercih edilmesi görüşü ağırlık kazanmıştır[131].

Friedman'ın 1953 yılında ortaya koyduğu bu tezin ilk savunucularından Eichengreen ise, uç döviz kuru sistemlerini destekleyen yazarları iki gruba ayırarak incelemiştir. Buna göre, bir grup, döviz kurlarının belirlenmesinde en iyi yöntemin kurların piyasada serbestçe oluşması olduğunu ve böylece döviz kuru politikası ile para politikası arasında tam bir uyumun söz konusu olabileceğini savunurken; diğer grup ise, karma kur sistemlerinin krizleri kolaylaştırıcı etkiye sahip olduğunu kabul etmekle birlikte piyasa mekanizmasının etkinliğine şüphe ile yaklaşmaktadır.

Eichengreen'e göre sermaye hareketlerinin serbestleştirildiği bir dünyada ideal döviz kuru politikası, tam bir sabit kur sistemi uygulamak ya da ulusal paranın değerinin dalgalanmasına izin vermek olacaktır. Çünkü, döviz kurlarının arz ve talep koşullarındaki değişmeleri yansıtacak şekilde değişmesi firma ve bankaları yaptıkları döviz işlemlerinde kendilerini garantiye almaları konusunda teşvik edecektir[132].

Uç sistemler hipotezinin temel dayanağı, döviz kuru istikrarı, para politikası bağımsızlığı ve sermaye mobilitesini eş anlı olarak sürdürmenin mümkün olmadığı şeklinde ortaya konulan "Olanaksız Üçleme" (Impossible Trinity) teoremidir.

Söz konusu teoreme göre, otoriteler döviz kuru istikrarı ve sermaye mobilitesini seçerler ise para politikası bağımsızlığından vazgeçmek; para

---

[131] Harrigan, s. 210.
[132] Barry Eichengreen, Toward A New Financial Architecture: A Practical Post- Asia Agenda, Washington, DC, Institute For International Economics, 1999, (New Financial), s. 105.

politikası bağımsızlığı ile sermaye mobilitesini seçerler ise sabit kur sistemi yerine esnek bir kur sistemi uygulamak; ve son olarak para politikası bağımsızlığı ile istikrarlı bir kur sistemini seçerler ise sermaye hareketleri üzerine kısıtlamalar koymak zorunda kalacaklardır. Ancak günümüz koşullarında sermaye hareketlerinin kısıtlanması etkinliği fazla olamayacak bir çözüm olduğundan otoriteler açısından ilk iki seçeneğin geçerli olacağı söylenebilecektir.

Hipotezi savunan yazarlara göre gelişmekte olan ülkelerin özellikle 1990'lı yıllarda finans piyasalarını sermaye akımlarına açmaları ve özel sermaye akımlarının bu ülkelere yönelmesi teoremin (impossible trinity) geçerliliğini ortaya koymuş ve esnek kur çapasına dayalı pek çok karma kur sisteminin finansal krizlerle birlikte çökmesine yol açmıştır[133].

Şekil 2.11. Olanaksız Üçleme (Impossible Trinity) Teoremi

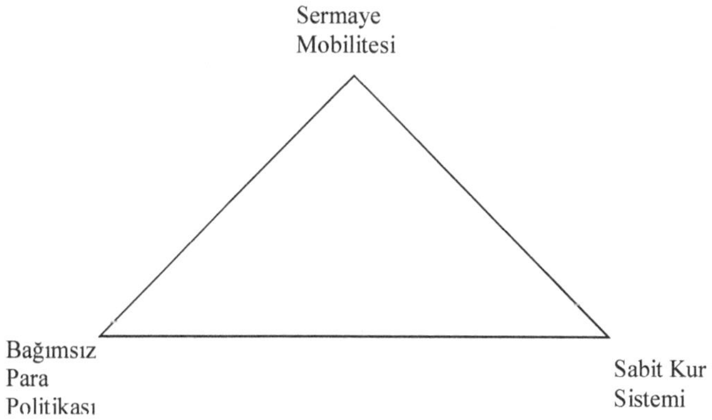

[133] Stanley Fischer, Distinguished Lecture on Economics in Government: Exchange Rate Regimes: Is The Bipolar View Correct?, Journal of Economic Perspectives, Vol. 15, No. 2, 2001, s. 10- 11.

Ayrıca esnek bir kur çapasına dayalı sistemi sürdürebilmek için para politikasının kullanılabilirliği yönünden konu ele alındığında da yine teoremin geçerliliği sonucuna ulaşılacaktır. Çünkü, iç ya da dış kaynaklı bir ekonomik şokun denge nominal kurunu resmi kurdan uzaklaştırması ve örneğin resmi ya da çapa kurun aşırı değerlenmesi durumunda devalüasyondan kaçınmak isteyen otoriteler faiz oranlarını yükseltmek zorunda kalacaklardır. Eğer dengesizlik küçükse faizlerin yükseltilmesi istikrar kazandırabilecek; ancak güçlü ve uzun süreli bir şoktan kaynaklanan büyük bir dengesizlik söz konusu ise gerek politik nedenler ve gerekse de yüksek faiz oranının bankacılık sistemi ve toplam talep üzerindeki olumsuz etkilerinden dolayı faizlerin yüksek tutulması uzun süre devam edemeyecektir.

Böyle bir durumda otoritelerin devalüasyona mecbur kalacağı düşüncesiyle spekülatörlerin ulusal parayı elden çıkarmaya başlaması beklenebilecek ve dengesizlik büyükse söz konusu spekülatif saldırılar başarıya ulaşabilecektir[134].

Sermaye hareketlerinin kısıtlanması yoluyla belirtilen üç hedefin aynı anda gerçekleştirilebilirliği araştırıldığında ise yukarıda da kısaca ifade edildiği gibi sermaye giriş ve çıkışlarının engellenmesi bu amaca ulaşmada etkin bir çözüm olamayacaktır. Çünkü, sermaye çıkışları üzerine konulan engeller, uygulanan ekonomi politikaları kur çapasını sürdürmeye imkan vermiyorsa devalüasyonu engellemede fayda sağlayamayacağı gibi, ülkeye yönelik sermaye girişlerini de engelleyecek ve sonuçta etkin bir çözüm olmayacaktır[135].

---

[134] Fischer, s. 11.
[135] Sebastian Edwards, How Effective are Capital Controls?, Journal of Economic Perspectives, Vol. 13, No. 4, 1999, s. 68- 71.

Sermaye girişlerinin vergilendirilmesi ise, kur çapası yoluyla enflasyonun düşürülmesi amaçlandığında faiz oranlarının diğer ülkelere nazaran yükseltilmesinin sermaye girişlerini artırarak ulusal paranın değer kazanmasının ve para arzının artmasının önüne geçmek için başvurulan bir araç olabilecektir. Fakat, böyle bir politika para politikası bağımsızlığı ve sermaye akımlarının kompozisyonunu değiştirme yönünden başarılı olsa da zaman içinde etkinliğinin azaldığı görülmüştür[136].

Karma döviz kuru sistemlerinin sürdürülebilir olmaması ya da diğer bir deyişle bu rejimlerin kırılganlığında finansal kuruluşların faaliyetleri önemli bir rol oynamaktadır. Şöyle ki, gelişmekte olan ülkelerde hükümetlerin bankaları riske atamayacağı düşüncesi yabancı yatırımcıların bu ülkelerde riskli yatırımlar yapmalarını sağlamakta ve hükümet garantilerinin varlığı, sermaye faktörünün kıt olmasına bağlı olarak faiz oranlarının yüksek olduğu bu ülkelere yoğun fon girişi sağlamaktadır.

Finansal kesimdeki aşırı borçlanma ise; döviz kurlarına yönelik spekülatif saldırılar sonucu kur çapasının terk edilmesi ile birlikte yaşanan büyük oranlı devalüasyonların makro ekonomik sonuçlarını da ağırlaştırmaktadır. Çünkü hükümetlerin döviz kuru çapasını sürdürme konusundaki taahhütleri başta bankalar olmak üzere finansal kesimdeki aktörlerin kur dalgalanmalarına karşı kendilerini garanti altına alma gereksinimini ortadan kaldırmaktadır[137].

---

[136] Fischer, s. 11- 13.
[137] Eichengreen, New Financial, s. 104.

2.5.3. Dalgalanma Korkusu (Fear of Floating) Olgusu

Döviz kurlarındaki "Dalgalanma Korkusu" (Fear of Floating) olgusu sabit ya da karma döviz kuru sistemlerinin daha önce ifade edilen olası dezavantajlarına karşın pek çok ülkenin ve özellikle gelişmekte olanların bu kur sistemlerini tercih etme sebeplerini açıklamaya yönelik olarak ortaya konmuştur. Bu fenomene göre karma döviz kuru sistemlerinin gittikçe ortadan kaybolması söz konusu olmayıp; pek çok ülkenin döviz kurlarının dalgalanmasına çeşitli araçlarla müdahale ettikleri görülmektedir[138].

Bazı ülkelerde para otoritelerinin güvenilirliğinin az olması, kontrol edilmediği takdirde döviz kurlarının oynaklığının yüksek olmasına neden olmaktadır. Şöyle ki, güvenilirlik problemi faiz oranlarında dalgalanmaları artırabilmekte; yükümlülüklerin dolarizasyonu sürecini hızlandırarak merkez bankasının son kredi mercii olma işlevini azaltmakta ve sonuçta kurlardaki dalgalanma endişesini artırmaktadır. Döviz kurlarındaki oynaklığın yüksek olması ise şu nedenlerden dolayı bu ülkelerde kötü sonuçlar doğurabilmektedir[139].

İlk olarak, döviz kurunun enflasyon beklentisi açısından mihenk taşı işlevi gördüğü dışa açık bir ekonomide, döviz kurlarındaki dalgalanma tüketici fiyatlarında da hızla istikrarsızlığa yol açabilmektedir. İkinci olarak ise, bu tip ülkelerde firma ve hane halklarının sıklıkla yabancı para cinsinden borçlanmalarına karşın gelirlerinin ulusal para cinsinden olması

---

[138] Guillermo A. Calvo, Carmen M. Reinhart, Fear of Floating, Quarterly Journal of Economics, Vol. CXVII, No. 2, 2002, s. 404.

[139] Ben S. Bernanke, Monetary Policy in A World of Mobile Capital, Cato Journal ,Vol. 25, No. 1, 2005, s. 8.

sonucu döviz kurundaki dalgalanmalar borçlarının net değerini etkileyebilmektedir.

Pek çok ülkenin döviz kurlarının serbestçe dalgalanmasına izin vermekten kaçınarak döviz rezervleri yoluyla kurlara istikrar kazandırmaya çalışmasında etkili olan iki yönlü temel kaygı şöyle ifade edilebilir; sermaye girişlerinin yoğun olması ya da pozitif yönlü ticaret hadleri şokları gibi şartların olumlu olduğu durumlarda özellikle gelişmekte olan ülkeler, rekabet güçlerini korumak açısından gerek nominal, gerekse reel olarak ulusal paranın değer kazanmasını istemezken; şartlar olumsuz olduğunda ise, yukarıda ifade edildiği gibi yükümlülüklerin dolarizasyonu sebebiyle ulusal paranın değer kaybını engellemek isteyeceklerdir. Böyle bir durumda devalüasyon, ihracat artışı ve büyüme değil resesyon ve enflasyonu beraberinde getirecektir[140].

Tam esnek bir kur sisteminde döviz kurlarının istikrarlı olabileceği; diğer bir deyişle içerisinde yer aldığı ekonomik şartlar ve hükümet politikaları değişmediği sürece döviz kurlarının dalgalanma eğiliminde olmayacağı ve kurlardaki dalgalanmaların sadece ekonomideki bir makro dengesizliğin göstergesi olduğu esnek kur sisteminin temel üstünlüğü olarak savunulmaktadır[141]. Son yıllarda yaşanan para ve banka krizlerinde özellikle kur çapasına dayalı rejimlerin sorumlu tutulup, gelişmekte olan ülkelerin de ulusal paralarının serbestçe dalgalanmasına izin vermeleri yoğun olarak önerilmesine rağmen ilan edilmiş (De Jure) esnek kur sistemi uygulayan ülkelerin dahi buna izin vermedikleri görülmekte ve buna bağlı

---

[140] Ronald McKinnon, Gunther Schnabl, The East Asian Dolar Standard, Fear of Floating, and Original Sin, Review of Development Economics, Vol. 8, No. 3, 2004, s. 336.
[141] Harry G. Johnson, The Case for Flexible Exchange Rates, Further Essays in Monetary Economics, Harvard University Press, 1969, s. 208.

olarak Dalgalanma Korkusu (Fear of Floating) olgusunu savunan yazarlar şu sonuçlara ulaşmaktadır[142];

- Esnek kur sistemi uyguladığını ilan eden ülkelerin çoğunda döviz kurlarında gözlenen değişkenlik oldukça düşük olup; bu durum söz konusu ekonomilerin reel ya da nominal şoklara maruz kalmamasından kaynaklanmamaktadır.
- Döviz kurlarındaki nispi olarak düşük değişkenlik kurları istikrara kavuşturmak amacıyla uygulanan politikaların bir sonucu olup; buna bağlı olarak rezervlerdeki değişkenlik oldukça yüksek olmaktadır.
- Reel ve nominal faiz oranlarındaki dalgalanma oldukça yüksek olup; bu durum otoritelerin kurların istikrara kavuşturulmasında döviz piyasalarına yönelik müdahalelere fazlaca güvenmemelerinden ve kronik bir güvenilirlik probleminin varlığından kaynaklanmaktadır.
- Kendi rejimini kontrollü dalgalanma olarak tanımlayan ülkelerin uygulamada kur çapası benzeri bir rejime sahip olması sabit kur sisteminin hala baskın bir güce sahip olduğunu ve döviz kurlarındaki dalgalanmalara karşı korkunun kimi gelişmiş ülkelerde dahi etkili olduğu görülmektedir.

142 Carmen M. Reinhart, The Mirage of Floating Exchange Rates, The American Economic Review, Vol. 90, No. 2, 2000, s. 352.

2.5.4. Döviz Kuru Sistemi Seçiminin Gelişmekte Olan Ülkeler Açısından Değerlendirilmesi

Daha önce de belirtildiği gibi optimum para alanları teorisinin dayandığı temel varsayımların çoğunlukla gelişmekte olan ülkelerde geçerli olmaması, bu ülkelerde uygun döviz kuru sisteminin seçiminde yeni bazı yaklaşımları zorunlu kılmaktadır. Hatırlanacağı üzere optimum para alanları teorisi, sabit kur sisteminin uygulanabilmesinin koşullarını açıklamakta; sabit kur sisteminin sürdürülebilirliğini garanti edecek kurumların kolaylıkla kurulabileceğini varsaymaktadır. Halbuki yaşanan para krizleri gelişmekte olan ülkelerde böyle bir garanti mekanizmasının çoğu zaman oluşturulamadığını göstermiştir.

Son dönemde yaşanan ekonomik krizlerde para ve bankacılık sisteminin belirleyici rol oynamasına karşın geleneksel teorinin mal ve işgücü piyasalarındaki dengelenme üzerinde yoğunlaşıp finansal sistemi ihmal ettiği ve ülkelerin uyguladıkları döviz kuru sistemine ilişkin tercihlerinin pratikte sıklıkla değişmesi gerçeğine karşın, döviz kuru siteminin zaman içerisinde değişmediğini varsaydığı görülmektedir[143].

Gelişmekte olan ülkelerde izlenecek döviz kuru sisteminin belirlenmesinde gelişmiş ülkelerden farklı olarak bazı kurumsal zayıflıkların da dikkate alınması gerekmektedir. Şöyle ki söz konusu ülkelerde mali disiplinin, finansal ve parasal kurumların zayıflığı ile firmaların ve finansal kuruluşların yükümlülüklerinin dolarizasyonu yüksek enflasyonu beraberinde getirebilmekte ve sermaye akımlarındaki ani

[143] Guillermo A. Calvo, Frederic S. Mishkin, The Mirage of Exchange Rate Regimes for Emerging Market Countries, The Journal of Economic Perspectives, Vol. 17, No. 4, 2003, (Mirage of Exchange), s. 103.

duraklamalarla ya da ters yönlü akımlarla birlikte para krizleri yoğun olarak yaşanabilmektedir[144].

Ülkenin sabit kur sistemini tercih etmesi durumunda ülke açısından temel zorluk daha önce de belirtildiği gibi para arzının yabancı ülke parası bileşeninin para otoritesi tarafından kontrol edilememesinden dolayı para politikası üzerindeki kontrolün kısmen kaybedilecek olmasıdır. Örneğin, sermaye akımlarının serbestleştirilmesi durumunda, ekonomik büyümeyi teşvik etmek amacıyla faiz oranlarının düşürülmesi sermaye çıkışına neden olabilecek; döviz kurunun yükselmesini önlemek için rezervlerin kullanılması gerekebilecektir. Ancak rezervlerin tükenmesiyle birlikte otoriteler döviz kuru sistemini değiştirmek ya da faiz oranlarını yükseltmek şeklinde iki seçenekle karşı karşıya kalacaklardır. Sabit kur sistemi içerisinde ülkelerin parasal disipline uymak zorunda kalmaları yani sistemin disipline edici bir araç olma yönü ise bir avantaj olarak değerlendirilebilecektir.

Sabit kur sisteminde ortaya çıkabilecek bir diğer problem de para otoritelerinin anti enflasyonist politikalar izlemesi durumunda yurtiçi enflasyon oranının dış dünya enflasyon oranından düşük olması sonucu ticarete konu olan malların fiyatlarının dış ticarete konu olmayan mallara nazaran yükselmesi sonucu ödemeler bilançosunun fazla vermesine bağlı olarak para arzının artması ile ortaya çıkan ithal edilen enflasyon problemi ile karşılaşılmasıdır. Ancak enflasyonun genellikle yüksek, ödemeler bilançosunun açık verme eğiliminde olduğu gelişmekte olan ülkelerde sabit kur sisteminin belirtilen olumsuzluktan çok; çapa olarak enflasyonu önleme ihtimali daha fazla olabilecektir.

---

[144] Calvo, Mishkin, Mirage of Exchange, s. 104.

Enflasyonun yüksek olduğu bu ülkelerde yukarıda belirtilen durumun tersine ticarete konu olmayan malların fiyatları ticari mallara nazaran yükselecek ve oluşacak dış açık ile birlikte para arzı daralacağından, sonuçta enflasyon düşecektir. Nitekim gelişmekte olan ülkelerde sabit kur sistemini desteklemek amacıyla bu özellik sıklıkla vurgulanmakta; kur çapasının katılığı ölçüsünde sistemin kredibilitesinin artacağı savunulmaktadır. Hatta Dornbusch'a göre enflasyon oranının düşürülmesi yatırımlar ve büyümeyi de olumlu yönde etkileyebilecektir[145].

Gelişmekte olan ülkelerde döviz kuru sisteminin seçiminde son yıllarda gittikçe önem kazanan finansal serbestleştirme sonucu, kısa vadeli spekülatif sermaye akımlarının belirleyici bir role sahip olmaya başladığı görülmektedir. Özellikle piyasadaki yatırımcıların sabit kur sisteminin sürdürülemeyeceğine inanmaları durumunda kurlara yönelik spekülatif saldırılara girişmeleri sonucunda oluşacak bir para kriziyle birlikte sabit kur sistemi terk edilmek zorunda kalınabilecektir.

Para krizleri ile izlenen döviz kuru politikaları arasındaki bağlantıyı ortaya koymak açısından çeşitli modeller geliştirilmiştir. İlk nesil modellerde sabit kur sistemi ile hükümetlerin izledikleri politikalar arasındaki uyumsuzlukların piyasa oyuncuları tarafından algılanarak spekülatif saldırılara yol açacağı ve sabit kur sisteminin sürdürülemez hale geleceği savunulmaktadır.

Bu modellerin öncülerinden Krugman' a göre, küçük ve dışa açık bir ekonomide kamu açıklarının finansmanı için para arzının artırılması durumunda spekülatörler oluşan bu uyumsuzluğu algılayarak saldırıya

---

[145] Rudi Dornbusch, Fewer Monies, Better Monies, The American Economic Review, Vol. 91, No. 2, 2001, (Economic Review), s. 5.

geçeceklerdir [146] . Söz konusu spekülatif saldırılar, yatırımcıların portföylerindeki ulusal para miktarını azaltıp; yabancı para miktarını artırması şeklinde olmaktadır [147]. Böyle bir durumda otoritelerin döviz rezervlerini kullanarak ya da dış piyasalardan borçlanarak sabit kurları sürdürmeye çalışmaları da rezerv kaybından başka bir sonuç doğurmayacaktır[148].

Uygulanan sabit kur sistemi ile otoritelerce uygulanan makro politikalar arasında bir uyumsuzluk söz konusu olmasa da para krizlerinin ortaya çıkması ise söz konusu ilişkiyi açıklamada yeni bazı modelleri zorunlu kılmıştır. Bu modellerde döviz kurları varlık fiyatı olarak ele alınmakta, ülkenin finansal sisteminin durumunun izlenen döviz kuru politikaları üzerindeki etkileri incelenmektedir.

Örneğin, piyasaların bankaların aldıkları riskler konusunda asimetrik bilgiye sahip olduğu, bankaların sahip oldukları sınırlı yükümlülük sebebiyle aşırı riskli işlemlere girişebildiği ve dolayısıyla finansal sistemin yeterince denetlenemediği pek çok gelişmekte olan ülkede bankalar iç piyasada rekabet üstünlüğü elde edebilmek için yurtdışı borçlanmalara yoğun olarak başvurarak bir sınırlama olmaksızın bilançolarını büyütmektedirler. Böyle bir sistemde sabit kur sistemi, kur değişmelerinin yaratacağı kayıplara karşı hükümetler tarafından verilmiş bir garanti işlevi görerek finansal kuruluşların kendilerini risklere karşı koruma ihtiyacını ortadan kaldırmakta ve para krizlerinin kaynağı haline gelmektedir[149].

---

[146] Krugman, Balance of Payments, s. 311- 325.
[147] Krugman, Balance of Payments, s. 312.
[148] Krugman, Balance of Payments, s. 312.
[149] Eichengreen, Hausmann, Financial Fragility, s. 7- 8.

Gelişmekte olan ülkelerin finansal sistemlerindeki belirtilen bu kırılganlıklar karşısında kur çapasına dayalı ılımlı bir sabit kur sisteminin çözüm olamayacağından hareketle bu gibi ülkelerde parasal ve finansal krizlerin önlenmesinde hangi döviz kuru rejiminin uygulanabileceğine ilişkin çeşitli görüşler ortaya konulmuştur. Örneğin esnek bir kur sisteminin uygulanması kuruluşların aşırı risk almasını önleyebilecek ve risklere karşı kendilerini koruyucu tedbir almalarını zorunlu kılabilecektir. Diğer bir ifadeyle kur çapasının getirdiği garanti ortamında aşırı dış borçlanmaya gidemeyeceklerdir.

Gelişmekte olan bir ülkede finansal sistem açısından bir diğer problem de ulusal paranın yurtdışı borçlanmalarda kullanılmamasının yanı sıra yurtiçi uzun vadeli borçlanmalarda da kullanılmaması ve buna bağlı olarak finansal kuruluşların yabancı para cinsinden borçlanma ile ulusal para cinsinden kısa vadeli borçlanma arasında tercih yapmak zorunda kalmalarıdır. Böyle bir durumda esasen zorluk, izlenecek döviz kuru politikası açısından ortaya çıkardığı dilemmadan kaynaklanacaktır.

Otoritelerin faiz oranlarını yükselterek ulusal paranın devalüasyonunu önlemeleri bankaları artan fonlama maliyeti sebebiyle kredilerini geri çağırarak portföylerini daraltmak zorunda bırakacak; ancak vade uyuşmazlığı sebebiyle bu krediler geri ödenemezse bir bankacılık sistemi krizi kaçınılmaz olacaktır. Aksine, otoritelerin döviz kurlarının serbestçe dalgalanmasına izin vermesi halinde ise, ulusal paranın depresiasyonu ile birlikte kuruluşlar ulusal paranın ileride daha fazla değer kaybedeceği ve zararlarını azaltma düşüncesi ile yabancı para satın almaya yönelecekler ve bu durum ulusal paranın değer kaybını daha da hızlandıracaktır [150]. Ulusal paranın terk edilerek tam dolarizasyona geçilmesi söz konusu problemin aşılmasına yardım edebilecektir.

Gelişmekte olan dışa açık ülkelerde uygun döviz kuru rejiminin seçimine ilişkin literatürde 1970'li yılların sonuna kadar olan dönemde sermaye akımları üzerine konulan kısıtlamalar, döviz ve sermaye piyasalarının gelişmemiş olması gibi nedenlerle esnek kur sisteminin uygun olmayabileceği kimi yazarlarca savunulmuştur. Ancak özellikle 1970'li yılların sonu ile 1980'li yılların başında söz konusu ülkelerde aşırı değerlenmiş ulusal paralar sonucu ödemeler dengesi sorunları ile karşılaşılması ve dış ticaret üzerine doğrudan kısıtlamalar konulması Uluslararası Para Fonu (IMF) ve Dünya Bankası gibi kuruluşların esnek kur sistemini önermesini beraberinde getirmiştir.

Esnek kur sistemini savunan yazarlar, sabit kur sisteminin disipline edici yönünün tam anlamıyla gerçeği yansıtmadığından hareketle sabit kur sisteminin disipline etmekten çok hükümetleri yüksek kamu açıkları yoluyla geçici yüksek büyüme hızı sağlamaya yönelteceğini ve sonunda kur çapasının yüksek enflasyon ile birlikte çökeceğini savunmuşlardır[151]. Sabit kur sistemine yönelik bir diğer eleştiri de Edwards ve Levy Yeyati tarafından dile getirilmiş; yazarlar yaptıkları analizde ticaret hadleri şoklarının sabit kur rejimine sahip ekonomilerde daha güçlü hissedildiği ve daha esnek bir kur sistemine sahip ülkelerin, sabit kur sistemine sahip olan ekonomilere nazaran daha hızlı büyüdüğü sonucuna ulaşmışlardır[152].

---

[150] Eichengreen, Hausmann, Financial Fragility, s. 13.
[151] Aasim Husain, A. Mody, Kenneth Rogoff, Exchange Rate Regime Durability and Performance in Developing Versus Advanced Economies, Journal of Monetary Economics, Vol. 52, No. 25, 2005,s. 46.
[152] Edwards, Yeyati, Shock Absorbers, s. 2079- 2105.

Gelişmekte olan ülkelerde sermaye akımlarının artışı ile birlikte yaşanan finansal krizlerde sabit kur sisteminin spekülatif sermaye akımlarını teşvik etmesi ve sonuçta hem kur çapasına dayalı sistemin çökmesi hem de reel ekonomi üzerinde yol açtığı tahribat daha önce de ifade edildiği üzere bu ülkelerde esnek kur sisteminin daha avantajlı olacağı yolundaki kanıyı giderek güçlendirmiştir.

Spekülatif sermaye hareketleri karşısında esnek kur sisteminin tam bir güvence sağlayacağı anlamına gelmediği de literatürde sıklıkla yer almaktadır. Örneğin finansal sisteme ilişkin yasal düzenlemelerin güçlü olmadığı ve esnek kur sisteminin uygulandığı ekonomilerde finansal kuruluşlar güvencesiz olarak düşük faiz ile yabancı para cinsinden borçlanmakta ve bu fonları daha yüksek faiz ile ulusal para cinsinden kredi olarak kullandırmaktadır. Ulusal para ile yabancı para arasında faiz farklılığı ise kurlardaki dalgalanmanın getirdiği risk (currency risk) nedeniyle artmaktadır. Yatırımcıların ulusal varlıkları elde tutmak amacıyla talep ettikleri ek getiriden kaynaklanan risk primi bu faiz farklılığının nedenini oluşturmaktadır. Bu durum McKinnon ve Pill tarafından şu eşitlik ile ifade edilmiştir[153].

$$i - i^{*} = Eex + p_{risk}$$

Eşitlikte sol taraf ulusal para ile yabancı para arasındaki faiz oranı farkını, Eex, beklenen nominal depresiasyon oranını ve p_{risk} de kurlardaki dalgalanmanın getirdiği belirsizlikten kaynaklanan risk primini ifade etmektedir.

---

153 Ronald I. McKinnon, Huw Pill, Exchange-Rate Regimes For Emerging Markets:Moral Hazard and International Overborrowing, Oxford Review of Economic Policy, Vol. 15, No. 3, 1999, s. 24.

Esnek kur sisteminin gelişmekte olan ülkelerde makro ekonomik istikrarı sağlama konusunda yeterince başarılı olamaması karşısında makro ekonomik istikrar yönünden sabit kur sistemi son yıllarda yeniden önem kazanmaya başlarken özelikle sistemin sağlayabileceği iki temel avantaj üzerinde durulmuştur. Bunlardan ilki, belirsizliğin azalmasına bağlı olarak faiz oranlarında meydana gelecek büyük orandaki azalış iken; bir diğeri ise, enflasyonun düşük seviyelerde istikrara kavuşmasından dolayı yatırımlar ve ekonominin büyüme oranındaki artış şeklinde olmaktadır. Dolayısıyla sabit kur sisteminin katılığı arttıkça ekonomik istikrar ve büyüme oranı da artacaktır[154].

Gelişmekte olan ülkeler açısından hangi döviz kuru rejiminin en ideal olabileceği konusunda tam bir görüş birliğinden söz etmek mümkün olamamaktadır. Özellikle bu ülkeler ile gelişmiş ülkeler arasındaki mali kontrol yetersizliğinden kaynaklanan yüksek enflasyon, parasal kurumların kurumsal olarak güçsüzlüğü, finansal piyasaların yeterli derinliğe ve olgunluğa sahip olmayışı vb. gibi yapısal farklılıklar döviz kuru rejiminin seçimini daha karmaşık bir hale sokmaktadır.

Belirtilen bu farklılıklar nedeniyle kimi yazarlar, döviz kuru sisteminin seçiminin bu ülkeler açısından ikinci önceliği oluşturması gerektiği, buna karşılık birinci önceliğin mali disiplin, bankacılık ve finansal sektöre ilişkin yasal yetersizliklerin giderilmesi, öngörülebilir ve sürdürülebilir bir para politikasına ilişkin konsensüs oluşturulması gibi temel reformların olması gerektiğini; böylece bu ülkelerin krizlere karşı

[154] Dornbusch, Economic Review, s. 5.

dayanıklı hale geleceğini ve döviz kuru sistemine ilişkin seçimin kolaylaşacağını savunmuşlardır155.

Yurtiçi finans piyasalarının uluslararası sermaye akımlarına açmış ülkelerde ayarlanabilir sabit kur rejimlerinden parasal birlik vb. daha katı sabit kur rejimine ya da tam esnek kur sistemine doğru bir yöneliş olduğu ve bu durumun uluslararası sermaye piyasaları ile bütünleşen ülkelerde sabit kur sisteminin kısa bir dönem için dahi sürdürülememesinden kaynaklandığı görüşü sıklıkla seslendirilmektedir[156]. Ancak, pratikte, çok katı sabit kur sistemi uygulayan ülkelerin ekonomik performanslarının iki kutup hipotezini haklı çıkarır nitelikte olmadığı; esnek kur sisteminin ise spekülatif saldırılara karşı bir güvence olarak ülkeler tarafından tercih edilmekle birlikte olası dezavantajları sebebiyle; pratikte faiz oranları ve rezervler kullanılarak döviz kurlarına istikrar kazandırılmaya çalışıldığı karşıt bir argüman olarak sıklıkla belirtilmektedir.

---

155 Calvo, Mishkin, Mirage of Exchange, s. 115.
156 Fischer, s. 9- 10.

Sonuç

Döviz kurlarında meydana gelecek olası değişmeler ülkeler arasında mal, hizmet ve sermaye akımlarının yanı sıra, büyüme ve enflasyon gibi değişkenler üzerinde de ciddi etkilere sahiptir. Sözü edilen değişkenlere yönelik ekonomi politikası amaçlarının gerçekleştirilebilmesi, uygun döviz kuru sisteminin seçimini önemli bir hale getirmektedir. Ayrıca, günümüzde dış ticaret üzerindeki tarife, kota vb. kısıtlamaların giderek ortadan kalkması, izlenecek döviz kuru sistem ve politikalarını iç ve dış dengenin sağlanmasının yanı sıra dış rekabet gücünün korunması açısından da stratejik bir ekonomi politikası aracı haline getirmiştir.

Teorik bir sınıflandırma yapıldığında döviz kuru sistemleri çoğunlukla sabit, esnek ve karma döviz kuru sistemleri olarak ele alınmaktadır. Ülkelerin ekonomik yapılarının birbirinden farklı olması ve her bir kur sisteminin bazı avantajlarının yanı sıra dezavantajları da içerisinde barındırması ülkelerin ekonomik yapılarına uygun ve ülkeye özgü kur sistemi arayışını beraberinde getirmektedir. Çünkü gelişmiş ve gelişmekte olan ülkelerin ekonomik ve finansal yapılarının birbirinden oldukça farklı olduğu; örneğin, gelişmekte olan ülkelerde enflasyon oranının daha yüksek, finansal sistemin zayıf ve kırılgan, belli aralıklarla yaşanan para krizleri sebebiyle büyüme oranlarının istikrarsız olduğu görülmektedir. Ayrıca bu ülkelerde otoritelere ve dış yükümlülüklerin yerine getirilebileceğine olan güvenin de az olduğu dikkat çekmektedir. Bunun sonucunda, kur sisteminin seçimine yönelik olarak sistemlerin olası avantaj ve dezavantajları değerlendirilirken belirtilen tüm bu faktörlerin de dikkate alınması önem taşımaktadır.

Kurların resmi otoritelerce doğrudan ya da dolaylı olarak belirlendiği ve ancak bir bant içinde dalgalanabildiği sabit kur sisteminde dış denkleşme açısından faiz, fiyat ve gelir değişmeleri ile döviz rezervlerinin büyüklüğü kilit bir rol oynamakta ve sermaye akımları, dış dengenin sağlanmasında önemli bir etkiye sahip olmaktadır. Sermaye akımlarının dış dengenin sağlanmasındaki etkinliği ise yatırımcıların ilgili ülkeye olan güveni ile bağlantılı olup, söz konusu güven unsurunun oluşumunda merkez bankası rezervlerinin büyüklüğü belirleyici role sahip olmaktadır. Çünkü, rezervlerin büyüklüğü, ekonomik birimlerin otoritelere olan güveninin artmasını sağlarken; güven artışı da spekülasyonun istikrar sağlayıcı niteliğini belirlemektedir. Sabit kur sistemi, döviz kurlarına ilişkin belirsizlik ve oynaklığın azalması, fiyat istikrarının sağlanmasına katkı, dış ticarette kur politikalarının bir silah olarak kullanılmasının önüne geçilmesi ve sistemde spekülatif faaliyetlerin daha istikrar sağlayıcı nitelikte olması gibi yönlerden avantajlı görülmektedir.

Esnek kur sisteminde ise, döviz kurlarının piyasada oluşan arz ve talep tarafından belirlenmesi esas olup, kurlara otoritelerce herhangi bir müdahalede bulunulmamaktadır. Sisteminin özellikle rezerv tutma gereksiniminin azalması, otoritelerin ekonomi politikası uygulamalarında daha özgür olabilmesi ve sabit kur sisteminin aksine enflasyonun ülkeler arasında geçişinin önlenebilmesi gibi yönlerden savunulduğu görülmektedir.

Uygulamada daha fazla rastlanan karma döviz kuru sistemlerinde, her iki uç sistemin istikrar ve esneklik şeklindeki avantajlı yanlarının bir araya getirilmesi amaçlanmaktadır. Sistemde, döviz kurlarına ilişkin belirsizlik azaltılıp istikrar sağlanırken, aynı zamanda sisteme esneklik kazandırılmaya çalışılmaktadır.

Katı bir sabit kur sisteminde finansal krizlerin yaşanması gibi bir olasılık düşük olmakla birlikte, ücret ve fiyat esnekliği, mali disiplin ve sıkı kontrol edilen bir finans sistemi, sabit kur sisteminin sürdürülebilmesi açısından önem taşımaktadır. Bunun yanında, senyoraj gelirlerinden vazgeçilmesi, bankacılık sisteminde likiditeye ilişkin sıkı kurallar belirlenmesi, ulusal paranın aşırı değerlenmemesi için çoğu zaman başlangıçta yüksek oranlı devalüasyonlar yapılması, dış dengenin iç denge amacı karşısında öncelikli hale gelmesi ve kaynakların verimli alanlarda kullanılması yerine rezerv olarak tutulması gibi çoğu gelişmekte olan ülke açısından zor sayılabilecek bazı şartları gerektirmesi sistemin seçimini zorlaştırmaktadır. Ayrıca, ekonomide yapısal bazı dengesizlikler bulunması durumunda bu dengesizliklerin döviz piyasasında baskı altına alınmasının diğer bazı makro değişkenler üzerinde ortaya çıkabilmesi riski de unutulmamalıdır.

Esnek kur sistemi, döviz kurlarındaki oynaklığın yol açacağı belirsizliğin dış ticaret ve yatırımlar üzerindeki olumsuz etkileri, sistemin otoritelerin mali disiplin amacından taviz vermelerini teşvik edebilmesi ve rekabetçi depresiasyonların ülkeler arasında yol açabileceği ticari anlaşmazlıklar yönünden eleştirilere hedef olmaktadır. Ancak sistem esas itibariyle gelişmekte olan ülkelerde uygulanabilirliği yönünden sorgulanmaktadır.

Şöyle ki, gelişmiş ülkelerde esnek kur sisteminin uygulanabilmesinde bu ülkelerin makro ekonomik istikrar, mali disiplin gibi şartların yanı sıra denetim mekanizmalarının güçlü olduğu gelişmiş finansal piyasalara sahip olması etkili olmaktadır. Halbuki gelişmekte olan ülkelerin temel sorunlarından birisi yeterli denetim mekanizmalarının oluşturulamadığı finansal piyasaların derinlik ve gelişmişlik yönünden de yetersiz olmasından dolayı bu ülkelerin finansal piyasalarında başlayıp diğer kesimlere yayılan krizlerdir.

Gerek sabit gerekse esnek kur sistemlerinin gelişmekte olan ülkeler açısından birtakım şartların varlığını gerektirmesi karma döviz kuru sistemlerini akla getirmektedir. Ancak bu sistemler de, gelişmekte olan ülkelerde yaşanan tecrübeler dikkate alındığında, spekülatif akımlar karşısında rezervlerin kullanılmak zorunda kalınması ile birlikte katı bir sabit kur sistemine dönüşebilmektedir. Ayrıca, belli aralıklarla kurlarda yüksek oranlı düzeltmeler yapılmak zorunda kalınması ve daha da önemlisi kurlara yönelik spekülatif saldırıların yoğunlaşmasi ile birlikte kurların dalgalanmaya bırakılarak sistemin çökmesi riski bulunmaktadır.

Belli ekonomi politikası amaçlarının gerçekleştirilebilmesi açısından belirtilen kur sistemlerinden birisinin seçimi önem taşımakla birlikte, hangisi seçilirse seçilsin güvenilirliğin sağlanması sistemin devamı açısından zorunlu olmaktadır. Bunlarla beraber, öncelikle mali ve parasal disiplinin sağlanılarak finansal sisteme ilişkin yasal düzenlemeler ve denetim mekanizmalarının oluşturulması ve seçilen kur sistemi ile uyumlu politikaların izlenmesi gerekmektedir.

Böyle bir durumda döviz kur sisteminin seçimi ile paralel olan ekonomi politikaları ve sahip olduğu koşullar önem kazanmaktadır. Örneğin; yüksek enflasyon geçmişine sahip ve bu nedenle enflasyon hedeflemesi stratejisi izleyen bir ülke nominal çapa olarak döviz kurlarını kullanmak zorunda kalmamaktadır. Ancak bu durum döviz kurlarının piyasa koşullarına göre serbestçe oluşmasına izin vermek anlamına da gelmemektedir. Çünkü, döviz kurları yerli ve yabancı mallar arasındaki nisbi fiyatların belirlenmesinde etkili olduğu gibi; ithal malların ulusal para cinsinden fiyatlarını etkileyerek tüketici fiyat indekslerini de belirlemektedir. Dolayısıyla fiyat istikrarının merkez bankasının temel amacını oluşturduğu bir ekonomide döviz kurlarına müdahale gerekliliği doğmaktadır.

Yapılacak bu müdahalelerin açık bir kur hedefine dönüşmemesi yada döviz kurlarına yönelik müdahalelerde faiz oranları yoluyla dolaylı müdahalelerin yerine rezervlerin kullanımı öncelikle tercih edilebilmektedir. Tutulacak rezervlerin büyüklüğü ise ülkenin kendine özgü şartları ile belirlenmektedir. Örneğin, varlık fiyatlarının aşırı derecede artmış olması (boom) durumunda enflasyon hedeflemesi finansal istikrarın garantisi olamayabileceği için, merkez bankası faiz oranlarını yükselterek varlık fiyatlarındaki aşırı artışı önleyebilmektedir.

Enflasyon ile mücadele yada döviz kurlarına dolaylı olarak müdahale etmek amacıyla faiz oranlarının yüksek tutulması, firmaların yabancı para cinsinden yükümlülüklerini artırarak olası depresiasyonların firmaların mali yapılarında yol açacağı zararları çoğaltabilmektedir.

Dış ekonomik büyüklükler bakımından büyük kabul edilebilecek bir ekonomi için esnek kur sisteminin avantajlı olması beklenmektedir. Buna karşılık küçük ya da yüksek enflasyon geçmişine sahip ülkeler için sabit kur sistemi daha avantajlı olabilir. Ancak belirtilmelidir ki, katı bir sabit kur sistemi, belli bir ülke ile ekonomik yönden bütünleşmiş küçük bir ekonomi için önerilse bile yaşanan diğer ülke deneyimleri dikkate alındığında sistem, güvenilirlik, makro ekonomik istikrar ve büyüme gibi amaçlar için garanti sağlamamaktadır. Esnek kur sistemini uygulamaya koyan ülkelerde çoğu zaman ilan edilmiş sistem ile uygulama sonuçları uyuşmamakta; yani otoritelerin kurların serbestçe oluşmasına izin vermediği görülmektedir.

Burada, karma döviz kuru sistemlerine ilişkin temel kaygı, sisteme yönelik spekülatif saldırılardır. Bunun sonucunda, spekülatif sermaye akımlarına karşı koruyucu mekanizmalar geliştirilirse sistemin temel zayıflığı da giderilebilir. Sistemin başarı ile sürdürülebilmesi açısından spekülatif sermaye akımlarına karşı alınabilecek önlemler şu şekilde sıralanabilir;

- Fiyat istikrarı ve mali disiplin amaçları öncelikle gerçekleştirilmelidir.
- Finansal sistemin güçlendirilmesi için gerekli tedbirler alınmalıdır.
- Para otoritelerinin açık bir kur hedefinin bulunması yada halkın böyle bir kur hedefinin söz konusu olduğuna inanması spekülatif faaliyetleri teşvik ederek sistemin varlığı açısından tehlikeli olabileceğinden açık yada örtülü bir kur hedefi ilan edilmemelidir.
- Sadece kurlardaki aşırı oynaklığı azaltmaya dönük olarak gerektiğinde müdahalelerde bulunulmalıdır. Ancak müdahalelerde mümkün olduğunca rezervlere başvurulmalı ve bunun gereği olarak rezerv düzeyi yüksek tutulmalıdır.
- Faiz oranları ise bir araç olarak zorunlu hallerde tercih edilmelidir.

Bu tür döviz kuru politikası uygulamalarıyla hem aşırı kur dalgalanmalarının yol açacağı belirsizlik hafifletilebilecek hem de sermaye akımları karşısında ekonominin direnci artırılabilecektir.

Kaynaklar

ALEXANDER Sidney S., **Effects of a Devaluation: A Simplified Synthesis of Elasticities and Absorption Approaches, The American Economic Review**, Vol. 49, No.1, 1959, ss. 22- 42.

ALIBER Robert Z., The Interest Rate Parity Theorem: Reinterpretation, **The Journal of Political Economy**, Vol. 81, No.6, 1973, ss. 1451-1459.

ALIBER Robert Z., Uncertainty, Currency Areas and The Exchange Rate Systems, **Economica**, Vol. 39, No. 156, 1972, ss. 432- 441.

APPLEYARD, Dennis R.,Alfred J. Field, **International Economics**, Richard Irwin Inc., USA, 1992.

AUTEN John H., Monetary Policy and The Forward Exchange Market, **The Journal of Finance**, Vol. 16, No. 4, 1961, ss. 546- 558.

BERGSTEN C. Fred., John Williamson, **Exchange Rates and Trade Policy, In Trade Policy in the 1980s**, edited by W. R. Cline, Institute for International Economics, 1983.

BERNANKE Ben, S., Monetary Policy in A World of Mobile Capital, **Cato Journal** ,Vol. 25, No. 1, 2005, ss. 1- 12.

BRANSON William H, Lawrence Krause, John Kareken, Walter Salant, Monetary Policy and The New View of International Capital Movements, **Brooking Papers on Economic Activity**, Vol. 1970, No. 2, 1970, ss. 235- 270.

BRODA Christian, Coping with Terms of Trade Shocks: Pegs versus Floats, **The American Economic Review**, Vol. 91, No. 2, 2001, ss. 376- 380.

CALLIER Philippe, Speculation and The Forward Foreign Exchange Rate: A Note, **The Journal of Finance**, Vol. XXXV, No.1, March 1980, ss. 173- 176.

CALVO Guillermo A., Carmen M. Reinhart, Fear of Floating, **Quarterly Journal of Economics**, Vol. CXVII, No. 2, 2002, ss. 379- 408.

CALVO Guillermo A., Frederic S. Mishkin, The Mirage of Exchange Rate Regimes for Emerging Market Countries, **The Journal of Economic Perspectives**, Vol. 17, No. 4, 2003, ss. 99- 118.

CARBAUGH Robert, **International Economics**, Eighth Edition, South-Western Publishing, USA, 2002.

CARBOUGH Robert J., **International Economics**,Fourth Edition, Wadsworth Inc., 1992.

CAVES Douglas W. and Edgar L. Feige, Efficient Foreign Exchange Markets and the Monetary Approach to Exchange- Rate Determination, **The American Economic Review**, Vol. 70, No. 1, 1980, ss. 120- 134.

CAVES Richard E., Flexible Exchange Rates, **The American Economic Review**, Vol. 53, No. 2, 1963, ss. 120- 129.

CAVES Richard E., Jeffrey A. Frankel, Ronald W. Jones, **World Trade and Payments: An Introduction**, Eigth Edition, Addison Wesley Longman Inc., 1999.

CHACHOLIADES Miltiades, **International Economics**, McGraw- Hill Publication Co. New York, 1990.

COPELAND Laurence S**., Exchange Rates and International Finance**, Addison- Wesley Inc., USA, 1994.

COOPER Richard N., **Exchange Rate Choices,** Conference Series, Federal Reserve Bank of Boston, Issue June, 1999.

CORDEN W.M., **Monetary Integration, Essays in International Finance**, 93, International Finance Section, Princeton University, USA, 1972.

DAVIDSON Russell, James G. MacKinnon, Estimation and Inference in Econometrics, Oxford University Press, 1993.

DORNBUSCH Rudi, Fewer Monies, Better Monies, **The American Economic Review**, Vol. 91, No. 2, 2001, ss. 238- 242.

DORNBUSCH Rudiger and Stanley Fischer, Exchange Rates and the Current Account, **The American Economic Review**, Vol. 70, No.5, 1980, ss. 960- 971.

DORNBUSCH Rudiger, Expectations and Exchange Rate Dynamics, **The Journal of Political Economy**, Vol. 84, No. 6, 1976, ss. 1161-1176.

DORNBUSCH Rudiger, Flexible Exchange Rates and Excess Capital Mobility, **Brookings Papers on Economic Activity**, Vol. 1986, No. 1, 1986, ss. 209- 226.

DREYER J. S., **Determinants of Exchange- Rate Regimes For Currencies of Developing Countries: Some Preliminary Results**, World Development, Vol. 6, No. 4, 1978, ss. 437- 445.

EDWARDS Sebastian , Miguel A. Savastano , **Exchange Rates in Emerging Economies: What Do We Know?, What Do We Need To Know?**, NBER Working Papers, No. 7228, July 1999, ss. 1- 75.

EDWARDS Sebastian, Eduardo Levy Yeyati, Flexible Exchange Rates as Shock Absorbers, **European Economic Review**, Vol. 49, 2005, ss.2079- 2105.

EDWARDS Sebastian, How Effective are Capital Controls?, **Journal of Economic Perspectives**, Vol. 13, No. 4, 1999,ss. 65- 84.

EICHENGREEN Barry, Global **Imbalances and The Lessons of Bretton Woods**, NBER Working Papers, No. 10497, May, 2004.

EICHENGREEN Barry, Ricardo Hausmann, **Exchange Rates and Financial Fragility**, NBER Working Papers, No. 7418, 1999.

EICHENGREEN Barry, **Toward A New Financial Architecture: A Practical Post- Asia Agenda**, Washington, DC, Institute For International Economics, 1999.

EINZIG Paul, Some Theoritical Aspects of Forward Exchanges, **The Economic Journal**, Vol.46, No.183, 1936, ss. 462- 470.

ERGİN Feridun, **Para Siyaseti**, Sermet Matbaası, İstanbul, 1972.

ERTÜRK Korkut, **Macro Economics of Speculation**, The Levy Economics Institute of Bard College, Working Paper No. 424, 2005.

FIELDING David, Paul Mizen, Investment, Output and Interest Rate Policy When Capital is Mobile, **The Economic Journal**, Vol. 107, No. 441, 1997, ss. 431- 440.

FISCHER Stanley, Distinguished Lecture on Economics in Government: Exchange Rate Regimes: Is The Bipolar View Correct?, **Journal of Economic Perspectives**, Vol. 15, No. 2, 2001, ss. 3- 24.

FRANKEL Jeffrey A., **Experience of and Lessons from Exchange Rate Regimes in Emerging Economies**, NBER Working Papers, No. 10032, 2003.

FRANKEL Jeffrey A., On the Mark: A Theory of Floating Exchange Rates Based on Real Interest Differentials, **The American Economic Review**, Vol. 69, No.4, 1979, ss. 610- 622.

FRANKEL Jeffrey A., **No Single Currency Regime is Right For All Countries Or At All Times**, NBER Working Papers No. 7338.

FRENKEL Jacob A., A Monetary Approach To The Exchange Rate: Doctrinal Aspects and Empirical Evidence, **Scandinavian Journal of Economics**, Vol. 78, No. 2,1976, ss. 200- 224.

FRENKEL Jacob A., Elasticities and The Interest Parity Theory, **The Journal of Political Economy**, Vol. 81, No. 3, 1973, ss. 741- 747.

FRENKEL Jacob A., Flexible Exchange Rates, Prices and The Role of "News": Lessons From The 1970s, **The Journal of Political Economy**, Vol.89, No.4, 1981, ss. 665- 705.

FRENKEL Jacob A., Michael Mussa, Monetary and Fiscal Policies in an Open Economy, **The American Economic Review**, Vol. 71, No.2, (May 1981), ss. 253- 258.

FRENKEL Jacob A:, Thorvaldur Gylfason, John F. Helliwell, A Synthesis of Monetary and Keynesian Approaches to Short-run Balance- of- Payments Theory, **The Economic Journal**, Vol.90, No.359, 1980, ss. 582- 592.

FRIEDMAN M., "**Essays in Positive Economics**", Chicago and London, The University of Chicago Press, 1953.

GERBER James, **International Economics**, Addison-Wesley, USA, 1999.

GHOSH Atish R., Anne- Marie Gulde, Holger C. Wolf, **Exchange Rate Regimes "Choices and Consequences**", The MIT Press 2002.

GIDDY Ian H., An Integrated Theory of Exchange Rate Equilibrium, **Journal of Financial and Quantitative Analysis**, Vol. 11, No. 5, 1976, ss. 883- 892.

GOLDSTEIN Henry N., The Implications of Triangular Arbitrage for Forward Exchange Policy, **The Journal of Finance**, Vol. 19, No.3, 1964, ss. 544- 551.

GRUBEL Herbert G., A Neglected Aspect of Forward Exchange Theory and Policy, **Journal of Finance**, Vol. 18, No. 3, 1963, ss 537- 548.

GÜRAN Nevzat, **Döviz Kuru Sistemleri ve Ekonomik Denge**, Kavram Matbaası, İzmir, 1987.

GÜRAN Nevzat, **Makro Ekonomik Analiz**, Anadolu Matbaacılık, İzmir, 2002.

HAGEN Jürgen Von, Jizhong Zhou, The Choice of Exchange Rate Regime, An Empirical Analysis for Transition Economies, **Economics of Transition**, Vol. 13, No. 4, 2005, ss. 679- 703.

HARRIGAN Jane, Time to Exchange the Exchange Rate Regime Are Hard Pegs the Best Option For Low-Income Countries, **Development Policy Review**, Vol. 24, No. 2,2006, ss. 205- 223.

HELLER Robert H., Determinants of Exchange Rate Practises, **Journal of Money, Credit and Banking**, Vol. 10, No. 3, 1978, ss. 308- 321.

HILLIER Frederick S., Gerald J. Liebermann, **Introduction To Operations Research**, The McGraw- Hill Companies, 2005.

HSIAO Cheng, Analysis of Panel Data, Second Edition, Cambridge University Press, 2003.

HOFFMANN Dennis L., Don E. Schlagenhauf, The Impact of News and Alternative Theories of Exchange Rate Determination, **Journal of Money, Credit and Banking**, Vol.17, No.3, 1985, ss. 328- 346.

HOLDEN Paul, Merle Holden, Esther C. Suss, The Determinants of Exchange Rate Flexibility: An Empirical Investigation, **The Review of Economics and Statistics**, Vol. 61, No. 3, 1979 ss. 327- 333.

HORVATH Julius, **Optimum Currency Area Theory: A Selective Review**, BOFIT Discussion Papers, No. 15, 2003.

HUSAIN Aasim, A. Mody, Kenneth Rogoff, Exchange Rate Regime Durability and Performance in Developing Versus Advanced Economies, **Journal of Monetary Economics**, Vol. 52, No. 25, 2005, ss. 35- 64.

HUSTED Steven, Michael Melvin, **International Economics**, Pearson Addison-Wesley, Sixth Edition. USA, 2004.

INGRAM James, **International Economics**, John Wiley & Sons, USA, 1986.

ISARD Peter, **Exchange Rate Economics**, Cambridge University Press, 1995.

JAMES Harold, Michael D. Bordo, Haberler Versus Nurkse: **The Case for Floating Exchange Rates as an Alternative to Bretton Woods**, ed. Jörg Baumberger, University of St. Gallen, Department of Economics, Discussion Paper No. 2001- 08, 2001.

JOHNSON Harry G., **The Case for Flexible Exchange Rates**, Further Essays in Monetary Economics, Harvard University Press, 1969.

JOHNSON Harry G., **The Case For Flexible Exchange Rates**, Hobart Papers No. 46, 1969.

JOHNSON Harry G., The Monetary Approach to Balance of Payments Theory, **The Journal of Financial and Quantitative Analysis**, Vol. 7, No. 2, March 1972, ss. 1555- 1572.

JOHNSON Harry G., **Towards A General Theory of the Balance of Payments**, Chapter VI in Harry G. Johnson, International Trade and Economic Growth: Studies in Pure Theory, 5. Impression, George Allen and Unwin Ltd., 1970, ss. 153-68

JOHNSON Melvin, Krishna M. Kasibhatla and John Malindretos, **Keynesian and Monetary Approaches to the Balance of Payments, Keynesian & Monetary Approaches to Managing Disequilibrium in Balance of Payments Accounts**, Greenwood Publishing Group, 2000.

JONES Ronald W., Monetary and Fiscal Policy for an Economy with Fixed Exchange Rates, **The Journal of Political Economy**, Vol. 76, No. 4, Part 2, 1968, ss. 921- 943.

KARLUK Rıdvan, **Uluslararası Ekonomi, -Teori ve Politika**, Beta Basım A.Ş., 6. Baskı, İstanbul 2002.

KENEN Peter B**., The Theory of Optimum Currency Areas: An Eclectic View**, in Mundell R. and Swoboda A., (eds), Monetary Problems of The International Economy, University of Chicago Pres, 1969.

KENNY Paul, The Theory of Optimum Currency Areas, **Student Economic Review**, Vol. 17, 2003, ss. 137- 149.

KEPENEK Yakup, Nurhan Yenitürk, **Türkiye Ekonomisi**, Remzi Kitabevi, Ankara, 1995.

KINDLEBERGER Charles P., **International Economics**, Irwin Publishing, 1968.

KING Philip, **International Economics and International Economic Policy**, Irwin Mc Graw- Hill, 2000.

KOURI Pentti J. K., The Exchange Rate and The Balance of Payments in The Short Run and in The Long Run: A Monetary Approach**,** **Scandinavian Journal of Economics**, Vol. 78, No. 2, 1976, ss. 280- 304.

KOURI Pentti J.K., Jorge Braga De Macedo, Walter S. Salant, Marina v. N. Whitman, Exchange Rates and International Adjustment Process, **Brookings Papers on Economic Activity**, Vol. 1978, No. 1, ss. 111- 157.

KOURI Pentti J.K, Michael G. Porter, International Capital Flows and Portfolio Equilibrium, **The Journal of Political Economy**, Vol. 82, No.3, (May-Jun 1974), ss. 443- 467.

KREININ Mordechai E., **International Economics**, Fifth Edition, Harcourt Brace Jovanovich Inc., 1987, USA.

KRUEGER Anne O., Balance of Payments Theory, **Journal of Economic Literature**, Vol. 7, No. 1, 1969, ss. 1- 26.

KRUEGER Anne O., **Exchange Rate Determination**, Cambridge University Press, 1983.

KRUGMAN Paul R., Maurice Obstfeld, **International Economics**, Fifth Edition., Addison- Wesley, USA, 2000.

KRUGMAN Paul, A Model of Balance-of - Payments Crisis, **Journal of Money, Credit and Banking**, Vol. 11, No. 3, 1979, ss. 311- 325.

LUIZA Maria, Falcao Silva, **Modern Exchange Regimes, Stabilisation Programmes and Co- Ordination of Macroeconomic Policies**, Ashgate Publishing Ltd., England, 1999.

MACHLUP Fritz, Three Concepts of the Balance of Payments and the So called Dolar Shortage, **The Economic Journal,** Vol. LX, 1950, ss. 46- 68.

MC KINNON Ronald I, The Exchange Rate and Macro Economic Policy: Changing Postwar Perceptions, **Journal of Economic Literature**, Vol. 19, No. 2, 1981, ss. 531- 557.

MCKINNON Ronald I., Huw Pill, Exchange-Rate Regimes For Emerging Markets:Moral Hazard and International Overborrowing, **Oxford Review of Economic Policy**, Vol. 15, No. 3, 1999, ss. 19- 38.

MCKINNON Ronald I., Optimum Currency Areas, **The American Economic Review**, Vol. 53, No.4, 1963, ss. 717- 726.

MCKINNON Ronald I, Gunther Schnabl, The East Asian Dolar Standard, Fear of Floating, and Original Sin, **Review of Development Economics**, Vol. 8, No. 3, 2004, ss. 331- 360.

MUNDELL Robert A., A Theory of Optimum Currency Areas, **American Economic Review**, Vol. 51, No. 4, 1961, ss. 657- 665.

MUNDELL Robert A., Capital Mobility and Stabilization Policy Under Fixed and Flexible Exchange Rates, **The Canadian Journal of Economics and Political Science**, Vol.29, No.4, (Nov. 1963), ss. 475- 485.

MUNDELL Robert A., **International Economics**, MacMillan Press, New York 1968.

MUNDELL Robert A., **The Appropriate Use of Monetary and Fiscal Policy for Internal and External Stability**, IMF Staff Papers, No. IX, (March 1962).

MUNDELL Robert A., The Monetary Dynamics of International Adjustment under Fixed and Flexible Exchange Rates, **The Quarterly Journal of Economics**, Vol. 74, No.2, 1960, ss. 227- 257.

MUSSA Michael, The Exchange Rate, The Balance of Payments and Monetary and Fiscal Policy Under A Regime of Controlled Floating, **Scandinavian Journal of Economics**, Vol. 78, No. 2, 1976, ss. 229- 248.

OBSTFELD Maurice, Rational and Self- Fulfilling Balance-of- Payments Crises, **American Economic Review**, Vol. 76, No. 1, 1986, ss. 72- 81.

OBSTFELD Maurice, Richard N. Cooper, Paul R. Krugman, Floating Exchange Rates: Experience and Prospects, **Brookings Papers on Economic Activity**, Vol. 1985, No. 2, 1985, ss. 369- 464.

OBSTFELD Maurice; Kenneth Rogoff, The Mirage of Fixed Exchange Rates, **The Journal of Economic Perspectives**, Vol. 9, No. 4, 1995, ss. 73- 96.

ÖZATEŞLER Mustafa, **Ekonomi Bilimi II**, İlkem Ofset, İzmir, 2006.

PHAUP Dwight E., A Reinterpatation of the Modern Theory of Forward Exchange Rates, **Journal of Money, Credit and Banking**, Vol 13, No 4, 1981, ss. 477- 484.

PILBEAM Keith, Economic Fundamentals and Exchange Rate Movements, **International Review of Applied Economics**, Vol. 15, No. 1, 2001, ss. 55- 64.

POIRSON Hélén é, **How Do Countries Choose Their Exchange Rate Regime**, IMF Working Paper, No. 01/46, 2001.

POOLE William, Optimal Choice of Monetary Policy Instruments in a Simple Stochastic Model, **Quarterly Journal of Economics**, Vol. 84, No.2, 1970, ss. 197- 216.

PUGEL Thomas, **International Economics**, Mc Graw Hill / Irwin, USA, 2004.

REINHART Carmen M., The Mirage of Floating Exchange Rates, **The American Economic Review**, Vol. 90, No. 2, 2000, ss. 65- 70 .

ROSENBERG Michael R., **Currency Forecasting, A Guide To Fundamental and Technical Models Of Exchange Rate Determination**, McGraw- Hill, 1996.

SALVATORE Dominick, **International Economics**, Prentice-Hall, Sixth Edition, 1998.

SEYİDOĞLU Halil, **Uluslararası Finans**, Güzem Yayınları, İstanbul 2001.

SEYİDOĞLU Halil, **Uluslararası İktisat**, Güzem Yayınları, İstanbul, 1996.

SHONE Ronald, The Monetary Approach to the Balance of Payments: Stock- Flow Equilibria, **Oxford Economic Papers**, New Series, Vol. 32, No.2, 1980, ss. 200- 209.

SOHMEN Egon, Fiscal and Monetary Policies Under Alternative Exchange Rate Systems, **Quarterly Journal of Economics**, Vol. 81, No.3, 1967, ss. 515- 523.

SÖDERSTEN Bo, Geoffrey Reed, **International Economics**, Third Edition, MacMillan Pres Ltd. 1994.

STERN Robert M., **The Balance of Payments: Theory and Economic Policy**, The MacMillan Press Ltd., 1976.

SVENSSON Lars E. O., Assaf Razin, The Terms of Trade and the Current Account: The Harberger- Laursen- Metzler Effect, **The Journal of Political Economy**, Vol. 91, No. 1, 1983, ss. 97- 125.

TAVLAS George S., Reviewed work(s): *The Crawling Band as an Exchange Rate Regime* by John Williamson, **The Economic Journal**, Vol. 108, No. 451 (1998), 1895-1898

TAVLAS George S., The Economics of Exchange-Rate Regimes: A Review Essay, **The World Economy**, Vol. 26, No. 8, 2003, ss .1215- 1246.

TAYLOR Mark P., Covered Interest Arbitrage and Market Turbulance, **The Economic Journal**, Vol. 99, No. 396, 1989, ss. 376- 391.

TAYLOR Mark P., The Economics of Exchange Rates, **Journal of Economic Literature**, Vol. 33, No. 1, 1995, ss. 13- 47.

TOBIN James, Financial Globalization, **World Development**, Vol. 28, No. 6, June 2000, ss. 1101- 1104.

TURAN, Gül Günver, **Uluslararası Para Sistemi, Dünü ve Bugünü**, Türkiye İş Bankası Kültür Yayınları, Tisa Matbaası, Ankara, 1980.

TÜRKİYE CUMHURİYET MERKEZ BANKASI, **Yıllık Rapor**, 1994-2008, Ankara.

VISSER Hans, **A Guide To International Monetary Economics, Exchange Rate Systems and Exchange Rate Theories**, Edward Elgar Publishing Ltd., Great Britain, 1995.

WALTER Ingo, **International Economics**, The Ronald Press Company, New York, 1975.

WHALE P. Barrett, International Short Term Capital Movements, **Economica**, Vol. 6, No. 21, 1939, ss. 30- 39.

WHITTLESEY Charles R., Exchange Control, **TheAmerican Economic Review**, Vol. 22, No. 4, 1932, ss. 585- 604.

WINTERS Alan L., **International Economics**, Routledge Inc., New York, 1991.

WORLDBANK, World Development Indicators Online Database, 1989-2008. http://www.worldbank.org

YAĞCI Fahrettin, **Choice of Exchange Rate Regimes For Developing Countries**, The World Bank, Africa Region Working Paper Series, No. 16, 2001.

FSC
www.fsc.org
MIX
Papier | Fördert gute Waldnutzung
FSC® C083411

Kolibri 360 GmbH
Ferdinand-Jühlke-Straße 7
99095 Erfurt, Deutschland
produktsicherheit@kolibri360.de

Druck:
CPI Druckdienstleistungen GmbH
im Auftrag der
Kolibri 360 GmbH
Ferdinand-Jühlke-Str. 7
99095 Erfurt